CONFÉRENCES PUBLIQUES

SUR

L'ALCOOLISME

Faites aux Cours d'Adultes de Villiers-sur-Marne

PAR LE

Dr F. VAQUIER

MÉDECIN DE L'HÔPITAL DE VILLIERS

(Œuvre des Enfants-tuberculeux)

Avec une Lettre de M. le Dr LÉON PETIT

Secrétaire général de l'Œuvre des Enfants-tuberculeux

Prix : 2 fr. 50

PARIS

LIBRAIRIE MÉDICALE O. BERTHIER

104, Boulevard Saint-Germain

1897

L'ALCOOLISME

CONFÉRENCES PUBLIQUES

SUR

L'ALCOOLISME

Faites aux Cours d'Adultes de Villiers-sur-Marne

PAR LE

Dr F. VAQUIER

MÉDECIN DE L'HOPITAL DE VILLIERS

(Œuvre des Enfants tuberculeux)

Avec une Lettre de M. le Dr LÉON-PETIT

Secrétaire général de l'Œuvre des Enfants tuberculeux

PARIS

LIBRAIRIE MÉDICALE O. BERTHIER

104, Boulevard Saint-Germain

1897

A

Monsieur Théophile Roussel

Sénateur,

Membre de l'Institut et de l'Académie de Médecine,

Président du Conseil supérieur de l'Assistance publique.

Hommage respectueux.

A Monsieur le docteur Vaquier,
Médecin de l'Hôpital des Enfants tuberculeux
de Villiers-sur-Marne.

Mon Cher Confrère et Ami,

Pourquoi me demandez-vous de présenter au public vos Conférences sur l'Alcoolisme? Mieux que ne saurait le faire une préface, ceux qui les ont entendues pourront dire quelle impression de charme elles ont laissé et quel monde d'idées elles ont éveillé en leurs esprits.

Pour mettre en valeur la Conférence, un Conférencier tel que vous n'a nul besoin qu'un autre vienne parler en son nom; il se charge, à lui seul, de conquérir son auditoire. Une préface n'a pas sa place en tête de ce petit livre qui renferme non des écrits mais des paroles; le semeur d'idées qui les a jetées dans l'opinion publique ne pourrait être que trahi par celui qui voudrait le traduire. Aussi, je vous demande la permission de décliner l'honneur que vous avez bien voulu m'offrir.

Mais, si je ne puis être votre collaborateur, je veux, du moins, vous transmettre l'impression d'un de vos auditeurs qui me semble être celle de tout l'auditoire. L'orateur, préoccupé de son sujet, absorbé par le souci d'enchaîner ses idées et de ciseler ses phrases, n'a pas toujours, avec ceux qui l'écoutent, un contact assez parfait pour sentir l'effet qu'il produit. Vous aimerez, sans doute, à savoir ce qu'on pensait pendant que vous parliez, dans le préau des écoles de Villiers-sur-Marne, et à connaître les émotions de la salle après avoir éprouvé celles de la tribune.

A Villiers, comme dans tout village de France (et je sais plus d'une ville qui est village sur ce point), règnent en souverains maîtres la politique et le mastroquet, exerçant leur tyrannie au nom de la Liberté.

Quand un médecin, jusqu'alors étranger aux luttes des réunions électorales, manifesta l'intention de parler de l'alcoolisme et d'en parler en public, la politique ouvrit l'œil et le mastroquet dressa l'oreille. Pour eux, quiconque parle au peuple a de secrets desseins, des ambitions cachées : le suffrage universel n'avait plus qu'à se bien tenir et les langues marchèrent bon train, car on parle beaucoup à Villiers, surtout de ce qu'on ne sait pas.

Il existe cependant encore, et réjouissons-nous en, quelques esprits éclairés, quelques ouvriers désireux de s'instruire, que les conférences attirent : ils vinrent à vous. Avec eux, vinrent aussi, un sourire sur les lèvres, les politiciens de clocher, prêts à vous barrer la route à la première incursion sur le terrain qu'ils cultivent à leur profit et que le mastroquet arrose pour leur compte. Vous eûtes ainsi, du premier coup, ce sans quoi il ne saurait être ni conférence ni conférencier : vous eûtes un auditoire nombreux et varié qui tint votre esprit en éveil et mit votre éloquence en verve.

Ah! vous aviez la partie belle, car pour être médical, le sujet que vous aviez choisi n'en renferme pas moins un des plus grands enseignements qu'un homme de science puisse donner à ses concitoyens. Il est de ceux que le médecin peut et doit vulgariser sans jamais craindre de les rendre vulgaires.

L'alcool, poison du corps; l'alcool, poison de l'intelligence, dégrade l'individu, étiole la race et compromet l'avenir de l'humanité ; l'acool, poison de la volonté; l'alcool poison du sentiment, engendre la paresse, la dépravation et la misère.

Il est désastreux pour la santé physique et morale. Ses conséquences sociales sont lamentables !

Oui, conséquences sociales, car il s'agit ici d'une question sociale et non des moindres : non pas d'une de ces questions sociales toujours posées et jamais résolues, fonds et tréfonds des périodiques et décevants entretiens entre candidats et électeurs, mais d'une vraie question sociale, bien faite pour séduire un conférencier n'ayant d'autre ambition que celle de dire la vérité dans le seul but d'être utile à ses semblables.

Ce fut une révélation ; grâce à vous triompha une fois de plus la Conférence. Ceux qui vous applaudirent s'aperçurent enfin que si cet art puissant sert trop souvent à tromper, il peut être, quelquefois, employé à éclairer les masses.

Mercure, le dieu de l'éloquence, était, dit-on, également le dieu des marchands et celui des voleurs. Bien que les temps mythologiques soient loin de nous, Mercure compte encore de fervents adorateurs qui, pour mieux l'honorer, sacrifient à tous ses autels. Mais le vrai conférencier est celui dont l'éloquence est faite d'unique sincérité. Il est toujours entendu et si, dans le présent, on lui préfère quelquefois celui qui parle non pour ceux qui l'écoutent, mais dans son intérêt personnel, l'avenir lui réserve de précieux dédommagements. Vous n'avez aucun droit de compter sur ces derniers, puisque le présent, en couronnant vos efforts, vous a apporté un succès mérité. Vous avez su faire mentir le proverbe qui veut que nul ne soit prophète en son pays. Savez-vous bien que plus d'un vieux conférencier n'en demanderait pas davantage ?

Vos auditeurs seront heureux de revoir les leçons qu'ils ont suivies et ce volume aura de nombreux lecteurs si tous ceux auxquels ils le recommanderont ont le bon esprit de le savourer comme je viens de le faire.

Bien cordialement à vous,

LÉON-PETIT.

PREMIÈRE CONFÉRENCE

—

Considérations préliminaires, role de l'École dans la lutte contre l'alcoolisme. — Qu'est-ce que l'alcoolisme ? — Comment est-on et comment devient-on alcoolique ?

Mesdames, Messieurs, chers Enfants,

S'il m'est agréable d'avoir à vous remercier d'être venus en si grand nombre, ma satisfaction ne va pas sans un peu d'appréhension et ce n'est pas une vaine précaution oratoire qui me fait réclamer votre indulgence et escompter d'avance vos sympathies. Ce métier de conférencier est bien nouveau pour moi, et c'est au moment de m'exécuter que je sens combien est difficile la tâche que j'avais acceptée cependant de grand cœur.

J'ai été en outre pris un peu de court, et en raison d'occupations pressantes je n'ai pas eu le temps voulu pour bien me pénétrer de mon sujet et me présenter devant vous suffisamment documenté.

Cependant je n'ai pas eu un instant d'hésitation, quand M. Guillochin, notre excellent instituteur, est venu me demander mon concours pour cette œuvre de propagande qui est en même temps une œuvre de haute moralisation.

Je n'ai certes pas la prétention de vouloir résumer dans quelques conférences tout ce qu'il y aurait d'intéressant à dire sur une question aussi complexe que celle de l'alcoolisme, question qui a fait couler des flots d'encre et inspiré une quantité telle de publications qu'on reculerait effrayé devant la masse que produirait leur entassement.

Il est vrai que c'est une question importante et passionnante entre toutes.

Gambetta a dit un jour : « Il n'y a pas qu'une question sociale, il y a des questions sociales. »

L'alcoolisme est une de ces questions. Il est impossible à un homme vraiment digne de ce nom de s'en désintéresser et si j'avais à le prouver je n'aurais qu'à vous montrer combien elle préoccupe, à des titres divers, le médecin, l'hygiéniste, l'économiste, le philosophe, le moraliste et l'homme d'état.

Convaincu, comme je le suis, que l'alcoolisme est un fléau social, j'ai regretté bien des fois que l'initiative individuelle ne se soit pas suffisamment développée dans le but de le combattre.

Comme il arrive souvent nous nous sommes laissés devancer par les autres dans cette œuvre de défense sociale, mais depuis quelque temps cette question est de plus en plus à l'ordre du jour ; on s'en préoccupe de divers côtés et, comme toujours, la Presse est à la tête du mouvement et lui apporte son inestimable concours.

Tout récemment, au mois de juin de l'année 1895, la question a été posée devant la Chambre par un magistral discours du professeur Lannelongue, qui est venu soutenir cette thèse essentiellement humanitaire et sociale que « des deux données fondamentales sur lesquelles doit se baser, désormais, toute législation de l'alcool, la donnée hygiénique a droit au premier rang ». Des sociétés nombreuses se sont formées et cherchent à unifier leur action en se groupant autour de la Société française de tempérance, qui prend le sous-titre de « Ligue nationale contre l'alcoolisme ».

C'est une sorte de croisade qui recommence — car nous ne devons pas oublier tout ce qui fut fait, dans ce sens, il y a vingt ans, sous l'impulsion généreuse et ardente du docteur Lunier — je suis absolument convaincu de l'utilité de cette croisade, et je ne saurais trop remercier M. Guillochin de m'avoir associé à ses efforts et fourni l'occasion de dire tout haut ce que je pense de l'alcoolisme et des dangers qu'il fait courir au point de vue de la santé et du développement de notre race. Ces choses-là, je les ai dites bien souvent en petit comité, mais je suis bien aise de pouvoir donner à mes idées une publicité qui, je l'espère, ne saurait leur nuire.

Puisqu'il a bien fallu s'inspirer de ce qu'on a fait au dehors, passons une revue rapide des mesures qui y ont été prises pour combattre les progrès de l'alcoolisme.

Depuis longtemps il est acquis que l'école doit prendre part à cette campagne, que c'est là qu'on doit semer les bons principes dont la récolte se fera plus tard et se traduira par une amélioration dans les conditions hygiéniques et morales de la vie. L'âme de l'enfant reçoit en effet facilement l'empreinte première et la conserve précieusement, c'est une cire malléable où l'on écrit en caractères qui ne s'effacent pas. Les Lacédémoniens l'avaient bien compris, qui montraient à leurs enfants un esclave ivre, dans toute la laideur physique et morale, pour les dégouter à jamais de se laisser aller à des habitudes qui conduisaient à un spectacle aussi répugnant.

Or, quelle est l'éducation que reçoivent les enfants de nos jours, dans certaines classes de la société? Ils sont, en réalité — suivant l'expression du docteur Roubinovitch — élevés dans le culte de Bacchus. Dès les premières années de la vie, on les habitue à boire du vin. Tous les principaux actes de la vie sociale : naissance, première communion, tirage au sort, mariage, enterrements, sont des prétextes tout trouvés à d'interminables beuveries. Si le chef de famille a une affaire à traiter, il est indispensable d'aller la conclure chez le marchand de vins ; la paie de quinzaine, cet événement si important dans la vie de l'ouvrier, a son dénouement forcé chez ce même marchand de vins.

L'enfant en arrive à cette persuasion que le débit de vins est un lieu de délices, où l'on ne saurait aller trop souvent, et

que, lorsqu'on a de l'argent, on n'a rien de mieux à faire que
d'aller l'y dépenser.

Ah ! il reçoit ainsi de terribles leçons de choses !

Ce danger a été entrevu depuis longtemps de l'autre côté
de l'Atlantique ; aussi, voyons-nous une ligue féminine de
tempérance s'organiser aux Etats-Unis dès 1878, et provoquer
des leçons sur l'alcoolisme dans une école primaire de Boston.
Quatre ans plus tard, c'est l'Etat de Vermont qui introduit
officiellement cet enseignement dans toutes les écoles et, aujourd'hui, tous les Etats de l'Union, sauf quatre, ont suivi cet
exemple. Des leçons régulières et fort développées sont faites ;
on les trouve résumées dans un grand nombre de manuels ;
elles donnent lieu, comme toutes les matières de l'enseignement, à des notes fréquentes et à des examens. On n'y conseille
pas seulement la tempérance, mais encore l'abstinence de
toute liqueur alcoolique, et les spiritueux y sont représentés
comme la cause de tous les vices et de tous les crimes. Exagération, direz-vous, mais en pareille matière l'exagération est
chose utile et permise. Plus de treize millions d'enfants sont
soumis à cet enseignement qui, combiné à d'autres moyens, a
donné de très bons résultats et enrayé les progrès de l'alcoolisme. En Angleterre, nous retrouvons les mêmes principes
et les mêmes pratiques. La création de la première société
anglaise de tempérance remonte à 1829 ; mais, depuis 1847,
fonctionne la ligue de la jeunesse abstinente, imitée depuis
par beaucoup de sociétés poursuivant le même but. Là aussi,
l'école prêche l'abstinence et, après l'école, ces sociétés reçoivent les enfants qu'elles entretiennent dans les mêmes idées.
Près de 20,000 de ces associations existent dans tout le
Royaume-Uni ; elles ont enrôlé plus de 2,600,000 enfants, et
elles consacrent une somme annuelle de deux millions de
francs à leur œuvre de propagande.

Que nous sommes loin de cet effort et de ce résultat !

J'aurai, dans le cours de ces conférences, l'occasion d'appeler votre attention sur les efforts faits dans le même but par
les Etats Scandinaves. La Suisse s'est engagée aussi dans la
même voie. Mais c'est surtout la Belgique qui nous fournit, en

ce moment, l'exemple le plus frappant et le plus encourageant de la lutte contre l'alcoolisme par l'école. L'initiateur du mouvement est M. Robyns, inspecteur provincial des écoles. Grâce à lui et au zèle ardent de ceux qui le secondent, des circulaires ministérielles ont prescrit : 1° dans les écoles normales, des conférences sur l'origine et les propriétés de l'alcool, ses dangers, le rôle de l'école dans la résistance à l'alcoolisme ; 2° dans l'école primaire, enseignement anti-alcoolique avec, comme complément indispensable, formation de cercles de tempérance.

Ces cercles de tempérance se sont développés avec la plus grande rapidité ; ils réunissaient, en 1892, 13,273 enfants, et 24,834 en 1894.

Et en France, que faisons-nous ? Vous m'accorderez bien que si la lutte par l'école est possible ailleurs, elle doit y être possible aussi. Elle est même indiquée par les règlements pédagogiques. L'arrêté organique du 18 janvier 1887 prescrit, à l'occasion des notions d'histoire naturelle, des développements sur l'abus de l'alcool. Je crois que cette disposition a dû demeurer lettre morte pour beaucoup d'instituteurs. Je mets à part l'instituteur de Villiers, car c'est à son intelligente initiative que je dois l'honneur de parler devant vous.

J'en ai fini avec les considérations préliminaires. Je vais donc entrer dans le vif de mon sujet et commencer par une définition. Vous savez combien il est difficile de donner une définition exacte et complète. Je n'ai pas la prétention d'avoir résolu la difficulté pour l'alcoolisme, et, comme solution momentanée, je vous propose la définition suivante : C'est l'intoxication de l'économie par l'usage journalier et excessif des boissons dites alcooliques, et se traduisant par des symptômes morbides variés.

Entre l'alcoolisme et l'ivresse, il y a toute la distance qui sépare un délit habituel d'une faute accidentelle.

L'ivrogne, comme on l'observait avant ce changement dans nos mœurs que nous devons à la consommation devenue excessive de l'alcool, était quelquefois un homme d'habitudes sobres qui s'était laissé tromper — oh ! avec un peu de bonne volonté, toutefois — et donnait au public égayé, le spectacle bon enfant d'un équilibre vainement cherché et de discours d'une gaieté incohérente ou même teintés d'une douce philosophie.

L'alcoolique de nos jours est, au contraire, un homme habituellement triste, qui peut devenir dangereux quand il est ivre, aux yeux sombres, à la démarche hésitante, aux gestes malhabiles grâce à un tremblement caractéristique, et qui a l'air de ce qu'il est : un récidiviste endurci. Où commence l'alcoolisme ? Est-on alcoolique parce qu'on boit un verre d'eau-de-vie par jour, ou parce qu'on en boit dix ? En un mot, quand peut-on dire de quelqu'un qu'il est alcoolique ? C'est une question dont la solution n'est pas facile.

La « Revue des Traditions populaires » nous donne — sans aucune prétention scientifique d'ailleurs — quelques éclaircissements là-dessus. D'après les croyances populaires, tout au moins dans les Côtes-du-Nord, un ivrogne ne pêche mortellement que lorsqu'il commence à vomir. C'est un cas fréquent, inutile de le dire. Les femmes, pour empêcher leur mari de tomber dans le péché mortel, ont alors recours à un moyen aussi simple que violent : elles observent avec soin le moment où l'événement va se produire, et alors elles s'efforcent de fermer, à l'aide des mains, le passage aux vivres. Dans la Basse-Normandie, l'ivrogne ne commet un péché mortel que s'il tombe. D'où leur phrase pour se justifier devant leur conscience : « J'étions soûl, mais pas pour tomber. »

On peut dire d'eux comme du pécheur endurci : C'est la grâce qui leur fait défaut. Il en est à qui la grâce ne manque pas ; ce sont les réfractaires. J'en ai connu quelques-uns.

Le médecin est souvent appelé auprès de malades qui présentent des accidents morbides qu'il convient de rattacher à l'abus des boissons alcooliques ; son devoir est alors de se livrer à une petite enquête qui, même conduite avec discrétion, ne manque jamais d'indisposer le malade. Poussé dans ses derniers retranchements, il finit par concéder qu'il a des habitudes alcooliques, mais alors c'est pour s'écrier, avec un accent de jalousie rancunière : Ah ! Docteur, vous dites que je bois, alors que je me contente, comme les camarades, de rendre les politesses qu'on me fait. Mais vous ne connaissez donc pas mon voisin ! C'est lui qui boit ! Je ne suis qu'un enfant auprès de lui, et pourtant voyez comme il est bien portant, il n'a jamais besoin de vous.

Et cela est souvent vrai. Mais ce ne sont que des exceptions. Il est plus fréquent de rencontrer des sujets facilement alcoolisables. Ceux-ci ne peuvent absorber que de petites quantités de vins, de bières ou de liqueurs alcooliques, dès qu'ils dépassent la mesure qui leur est permise ils présentent les accidents suivants : maux de tête, pituites matinales, digestions pénibles, sommeil difficile, tremblement des mains, et tout cet ensemble symptomatique disparaît rapidement s'ils se soumettent au régime lacté. On peut donc devenir alcoolique en absorbant des quantités très variables d'alcool. C'est un fait intéressant à constater, mais il est encore plus intéressant de savoir comment, par quelles voies nombreuses, on arrive à l'alcoolisme.

A tout seigneur tout honneur. Voyons d'abord comment l'ouvrier s'alcoolise. Ah ! les facilités ne lui manquent pas. Il ne peut pas faire un pas en dehors de l'atelier sans que la tentation se présente à lui sous forme de cabaret. D'une communication du docteur Lagneau, à l'Académie de médecine, il résulte que la France compte, en chiffres ronds, 421,000 débits, non compris 30,000 débits pour Paris.

L'ouvrier entre au cabaret dès le matin : il s'agit, pour employer l'expression courante, de « tuer le ver » ; il y revient avant déjeûner pour sacrifier au culte de l'absinthe ; on l'y voit souvent dans l'après-midi, et il y retourne son travail fini. Tout lui est prétexte pour cela et, s'il n'a pas de famille, on est presque tenté de l'excuser d'agir de la sorte pour fuir le froid et l'isolement du garni. Tout l'attire chez le débitant : la salle chauffée et la sensation de bien-être qu'il ressent, le semblant de luxe, la société des camarades, les longues discussions où l'on refait à sa guise le monde politique et social.

Si l'ouvrier se marie, sa passion pour le cabaret subit quelquefois un temps d'arrêt, mais le plus souvent il ne tarde pas à en retrouver le chemin, incité qu'il est par les moqueries des camarades qui ne lui pardonnent pas de préférer à leur compagnie celle de sa femme, et lui font un crime de subir l'influence moralisatrice du ménage.

Jules Simon, l'homme qui a le mieux décrit, à notre époque, les misères sociales, parce qu'il y a porté cette élévation de pensée que donne l'esprit philosophique et cette éloquence qui prend sa source dans un cœur compatissant, nous fait, dans son beau livre « L'Ouvrière », un tableau navrant de l'ouvrier dépensant en une journée la moitié de la paie de la quinzaine ; il nous dépeint sa malheureuse femme, nous la montre à la porte du débit, toute pâle et gémissante, songeant aux enfants qui pleurent et qui ont faim, et attendant l'ivrogne pour le soutenir quand le cabaretier le chassera ou qu'un besoin de sommeil invincible le ramènera chez lui. Il nous dit qu'à Saint-Quentin plusieurs débitants, pris d'une singulière pitié pour ces malheureuses, ont fait installer, en face de leurs bouges, un hangar où ces pauvres femmes viennent pleurer et attendre.

Si beaucoup d'entre elles sont dignes d'intérêt, il faut bien dire que c'est souvent leur faute si le mari fuit un intérieur qu'elles n'ont pas su rendre attrayant et agréable. D'autres — trop nombreuses hélas ! — fatiguées d'attendre à la porte du débit de vins où le mari dissipe la paie de quinzaine, finissent par entrer pour partager avec l'ivrogne, qui accepte, heureux de cette complicité qui l'absout à moitié. Et alors c'est la chute complète, lamentable, irrémédiable de la famille dans le gouffre de misère creusé par l'alcoolisme. C'est la ruine, en attendant le délit qui conduira à la correctionnelle ou la folie qui mènera à l'asile d'aliénés.

Et les enfants que deviendront-ils ?

La mendicité les prend et la maison de correction les guette.

A Paris, on trouve des débits partout. C'est l'épicier, c'est le marchand de tabacs, c'est le marchand de charbons. Il n'est pas de concierge de maison ouvrière qui ne vende des liqueurs. C'est dans l'arrière-boutique du charbonnier que viennent discrètement s'alcooliser la grande masse des cuisinières, domestiques de bonne maison ou autres tenus à une certaine réserve extérieure.

J'entends dire souvent que l'ouvrier est imprévoyant, qu'il vit au jour le jour, pressé de jouir du bienfait de l'heure présente — il n'est, d'ailleurs, pas le seul dans le même cas — et que cette imprévoyance, cette absence de souci de l'avenir expliquent pourquoi il va chercher dans l'abus des liqueurs fortes cette satisfaction d'un moment, si grosse de déboires et de déceptions.

J'ai vécu longtemps dans un petit centre ouvrier et j'ai pu me convaincre qu'il y a du vrai dans cette appréciation. Voici comment vivaient les ouvriers que j'ai connus. C'étaient des fileurs et des tisserands. Ils étaient payés tous les samedis. La soirée du samedi, le dimanche et le lundi, on était en goguette ; le mardi on était trop malade pour pouvoir faire un travail sérieux, on allait à la fabrique cependant, mais pour muser, jouer au bouchon et, comme on avait encore soif, on grattait le fond des poches pour récolter quelques sous et se procurer de la petite bière chez le brasseur d'à côté ; le mercredi on préparait le métier pour la pièce à tisser et on travaillait sérieusement les trois autres jours de la semaine. C'étaient de bons garçons, mais combien peu sages, combien imprévoyants !

L'alcoolique, chose digne d'être notée, perd tout ressort, toute énergie, toute volonté et ne tarde pas à devenir l'esclave de l'habitude prise. Il ne sait plus résister à la tentation et ses résolutions les plus viriles ne tiennent pas un instant devant la perspective d'un verre d'alcool.

Le docteur Brunon, directeur de l'Ecole de médecine de Rouen, qui a publié une curieuse étude sur l'alcoolisme en Normandie, raconte que, dans un atelier de Rouen qui compte cent cinquante ouvriers, le patron n'en connaît que cinq qui soient susceptibles d'être envoyés en ville. Encore ne doivent-ils pas sortir de Rouen, car alors ils succombent.

Dans ce même atelier et dans d'autres ateliers de ce genre, ceux qui veulent demeurer sobres sont exposés aux railleries de leurs camarades. On leur rend la vie si dure qu'ils en sont réduits à s'en aller. N'est-ce pas monstrueux ! Je sais bien que ce n'est pas chez l'ouvrier qu'il faut aller chercher le respect de la liberté individuelle, l'éducation qu'il a reçue ne l'y a pas préparé et c'est bien le cas de rééditer le vieil axiome latin : *Homo, homini lupus.*

L'ouvrier n'est pas seul à payer son tribut à l'alcoolisme et le mal a de profondes racines dans les autres classes de la société. Le petit bourgeois, le rentier, le commerçant, le fonctionnaire s'alcoolisent aussi, de façon plus discrète, plus élégante si l'on veut, mais, au fond, le résultat est identique. Ce n'est plus le vin blanc que l'on boit le matin pour « tuer le ver », on ne s'adresse pas à l'eau-de-vie de marc ou au calvados comme en Normandie. On boit et sans modération, à chaque repas, des vins riches en alcool, des petits verres, des bocks nombreux dans les longues flâneries du café, et enfin on sacrifie à l'absinthe, la déesse aux yeux verts. C'est elle qui règne en souveraine sur toute la ligne des boulevards, lorsque vient l'heure du dîner. Impossible de passer devant un café sans en percevoir l'odeur agréable et tentatrice. Contemplez-les ces dévots de l'absinthe ; le monde extérieur disparaît à leurs yeux, ils n'ont d'autre préoccupation que de bien réussir le mélange. Et il n'y a pas que des hommes ; beaucoup de femmes en font autant. C'est l'alcoolisme à deux. Quelle entente touchante !

Il faut bien reconnaître que la savante réclame qui se fait autour de ces produits néfastes et frelatés est pour quelque chose dans le développement de l'alcoolisme et de l'absinthisme.

On ne voit partout que grandes lettres dorées appelant l'attention sur l'absinthe hygiènique, sur l'absinthe bienfaisante, pour un peu on oserait dire reconnue et adoptée par l'Académie de Médecine.

Et les apéritifs, tous hygièniques, tous bienfaisants. Ah mon Dieu ! que de gens qui ne songent qu'à notre santé et à notre bonheur !

Vous connaissez tous, sans doute, cette affiche si suggestive qui s'est étalée si longtemps sur nos murs pour nous recommander une absinthe aussi bienfaisante que parisienne. Une femme aux cheveux carotte, aux yeux langoureux, accepte de la main d'un vieux bonhomme, à la tête d'alchimiste moyen-âgeux, la coupe qui contient la liqueur traîtresse et comme légende on lit : « Bois d'abord, tu verras après ! »

Oh après, je sais bien ce que nous verrons. Ce sera le long cortège des misères humaines : les digestions pénibles, les sommeils agités et peuplés de songes effrayants, le tremblement des mains, qui fait de l'homme jeune un précoce vieillard, les idées obscures, le travail difficile ou même impossible, les impulsions irrésistibles et criminelles, l'accès de delirium tremens et enfin la folie avec, en perspective, une place à Ville-Evrard.

La réclame éhontée ne s'en tient pas là. La même affiche nous offre le flacon des produits nuisibles qu'on a isolés, paraît-il. Demandez-le, croyez-y et absorbez désormais l'horrible produit en toute sécurité. Quel puffisme !

Plus loin, une autre affiche non moins suggestive recommande un apéritif sous le couvert de la personne respectée du chef de l'Etat.

L'alcoolisme, chez les gens du monde, pour être moins apparent, n'en existe pas moins. Je reconnais que je ne suis pas très documenté sur ce point, mais j'espère ne pas trop m'avancer en disant que le désœuvrement pour les gens du « high life », comme pour le commun des mortels, engendre tous les vices.

Ils ne sont pas assez absorbés par les distractions des divers sports ou par les marivaudages galants pour ne pas trouver le temps de sacrifier à Bacchus, qui est aussi bien leur dieu que celui des pauvres diables. Les dîners des cercles élégants, les soupers dans les cabarets mondains, doivent donner lieu à plus d'une libation excessive. On a gardé au boulevard le souvenir de cet Anglais du grand monde qui fut célèbre un instant sous le nom de Milord l'Arsouille. Ah ! celui-là ne dissimulait pas ses habitudes ; si d'autres y réussissent mieux que lui, il ne faudrait pas les gratter beaucoup pour trouver l'alcoolique sous le vernis des bonnes manières qui le recouvre.

Ce qui est certain aussi, c'est que beaucoup de femmes du

monde et du meilleur se livrent à la fabrication de l'eau de Cologne et autres eaux de senteur pour légitimer la possession d'alcool dont elles usent et abusent.

Je ne dirai que quelques mots de l'alcoolisme thérapeutique, que l'on rencontre chez les diabétiques à qui le médecin a recommandé une alimentation azotée et réparatrice, en laissant pressentir qu'un petit verre de cognac pris après le repas ne pourrait être qu'un adjuvant utile du traitement. Le diabétique, convaincu que si un petit verre peut lui faire du bien, deux lui en feront bien davantage, augmente insensiblement la dose et en arrive à s'alcooliser tout doucement. Et les femmes nerveuses, anémiées, qui, pour réparer leurs forces, s'adressent aux vins pharmaceutiques, tous très riches en alcool et arrivent ainsi à en prendre jusqu'à 100 et 150 grammes par jour ; elles s'alcoolisent en vertu du même principe.

Jusqu'ici, il n'a été question que des alcooliques que l'on pourrait appeler des alcooliques par penchant — ceux qui trouvent du plaisir à boire, — mais il est toute une catégorie d'alcooliques professionnels, je veux dire que leur profession rend alcooliques. Je citerai en première ligne les marchands de vins. S'il est vrai qu'ils s'enrichissent en exploitant ce vice social, il n'est pas moins vrai qu'ils connaissent le revers de la médaille et deviennent, à leur tour, victimes des habitudes prises.

Au début, c'est la nécessité de tenir tête au client ; l'alcoolique est généralement sociable, il n'aime pas boire seul, ou bien il faut l'exciter, l'allumer, en un mot faire marcher le commerce. J'aime à croire que la chose est peut-être pénible en commençant, le marchand de vins est fixé, d'ailleurs, sur la valeur des drogues qu'il débite, mais peu à peu il y prend plaisir, devient esclave de l'habitude et descend alors rapidement la pente qui mène à l'alcoolisme chronique.

J'ai eu comme cliente une jeune dame, gaie, robuste, bien portante, qui dirigeait un commerce de vins très florissant en un quartier très fréquenté de Paris. Son mari, de santé délicate, était incapable de tenir tête aux consommateurs, elle dut le remplacer ; il lui en coûta un peu d'abord, mais elle le fit bientôt par goût et en vint à s'alcooliser. Des troubles digestifs très pénibles survinrent, puis un vomissement de sang. Elle avait un ulcère de l'estomac. Très effrayée, elle se condamna au repos et consentit à suivre un traitement qui lui permit de revenir à son comptoir. Elle ne tarda pas à retomber dans ses habitudes funestes. Cela dura deux ou trois ans, les vomissements de sang reparurent et elle mourut.

En seconde ligne viennent : les commis-voyageurs en liquides, les patrons eux-mêmes, marchands de vins en gros et demi-gros.

Ici les affaires ne se font qu'au café, tous les marchés sont conclus le verre en main. A la campagne, on ne fait d'affaires avec le petit débitant ou le petit cultivateur qu'en ponctuant la discussion par l'absorption de quelques petits verres. Tout voyageur qui ne peut pas boire doit changer de métier.

Quand il rentre, écœuré de son ingrat métier, à bout de forces, son patron le gros commerçant, pour lui montrer comment on tient haut et ferme le drapeau de la maison, part à son tour. Il va relancer le petit débitant, l'arrache à la surveillance jalouse de sa femme, qui sait trop bien ce que coûtent de semblables visites, il le gorge, lui verse l'alcool à flots et enlève une commission de haute lutte. Puis il rentre chez lui, après quelques semaines, heureux d'avoir si bien employé son temps, enchanté de son chiffre d'affaires, mais rapportant, quelquefois, le germe de la maladie, cirrhose ou tuberculose, à laquelle il succombera plus tard.

Dans le mémoire que le docteur Brunon a consacré à l'alcoolisme en Normandie, je trouve les renseignements suivants, qui sont très intéressants :

« Dans la Seine-Inférieure, la Somme et l'Oise, surtout
« dans le pays de Caux, me dit M. X..., voyageur en vins, pas
« de consommation chez le débitant, pas de commission, c'est
« réglé. J'ai dû cesser tout voyage à Gournay, car, chaque
« fois, j'étais malade. Maintenant, je m'arrange pour aban-
« donner la place avant midi, car c'est au repas de midi que la
« griserie générale commence.

« Un courtier en vins me dit que la place de Rouen est la

« plus terrible. Il ne peut pas prendre moins de 30 à 40
« consommations par jour. Il estime qu'un courtier ne peut
« pas continuer son métier plus de deux ans à Rouen. Après
« ce temps, « *il est cuit* ». Dans la banlieue de Rouen, il arrive
« à ne prendre qu'une moyenne de 25 consommations. Pour
« les espacer, il a pris une voiture lui permettant d'aller de
« village en village, mais le malheureux a dû renoncer à ce
« moyen, car à mesure qu'il faisait plus de trajet, il prenait
« moins de consommations et voyait moins de clients.

« Autre cas : Un gros commerçant de Rouen voyage dans
« les villages chez le débitant et chez le bourgeois. Il ne boit
« pas lui-même — il a bu autrefois — mais il emploie un
« dégustateur pour goûter tous les échantillons de vins et
« d'eaux-de-vie. Le dégustateur ne peut pas faire le service
« plus de deux ans. Voici un homme de quarante-sept ans
« dyspeptique ; c'est un ancien voyageur en épicerie. De 18 à
« 21 ans, il a pris en moyenne, tous les jours, 18 vermouths
« avant midi, 2 bouteilles de vin au déjeuner, de 5 à 8 verres
« de fine dans l'après-midi et 5 ou 6 bocks le soir. Il visitait
« 20 épiceries par jour. On ne compte pas les consommations
« qu'on lui offrait en retour de ses politesses. A vingt-cinq
« ans, il s'est établi épicier à Quevilly près Rouen. Avec
« chaque client il prend un petit verre. Le samedi et le
« dimanche, jours de provisions, il en prenait une vingtaine
« par jour. Vers 35 ans, il s'est restreint à 1 ou 2 verres par
« jour. Aujourd'hui, c'est un sage, il ne boit plus rien. Il est
« vrai qu'il a un ulcère de l'estomac. »

Ajoutons que tous les voyageurs et courtiers dans tous les
commerces sont des buveurs un peu malgré eux. Ceux-là, du
moins, ont pour excuse la lutte pour la vie.

Il existe une autre catégorie d'alcooliques professionnels
plus intéressants.

Ce sont les ouvriers qui travaillent dans les caves où
sont renfermés en grande quantité des esprits ou des vins
capiteux. Chez des individus employés aux docks de Londres,
dans des caves remplies d'eaux-de-vie et de vins très riches en
alcool, on voit se développer toute une série de symptômes

caractéristiques de l'intoxication alcoolique, qui commencent par le tremblement et se terminent par le delirium tremens et la mort.

Citons aussi les dégustateurs de Bercy et des grands centres vinicoles qui hument les vins et les alcools, sans jamais les avaler, car il leur est interdit de boire autre chose que de l'eau s'ils veulent conserver intacte la finesse du goût.

Ils fournissent cependant un contingent nombreux aux victimes de l'alcoolisme et il en est de même de certains ouvriers de Lyon où l'on exerce deux industries, l'apprêt des chapeaux de feutre et l'apprêt des étoffes de soie qui nécessitent l'emploi d'alcool dénaturé par l'esprit de bois.

Ceux-là sont vraiment dignes d'intérêt : ce sont les damnés de l'enfer social et on se prend à regretter que les pouvoirs publics ne puissent rien pour eux et qu'on n'ait à leur offrir que l'expression d'une banale sympathie.

Vous voyez que les moyens ne manquent pas de s'alcooliser et qu'il y a bien des chemins ou directs ou détournés pour aboutir au même but, l'alcoolisme, la folie, la dégénérescence de l'espèce.

Il me reste cependant à vous parler de l'alcoolisme chez l'enfant et chez le nouveau-né — oui, chez le nouveau-né, la chose vous surprend peut-être, mais on l'a observée bien des fois et le fait est aujourd'hui hors de toute contestation. Combien il est douloureux de penser que l'on retrouve cet abominable poison aux sources même de la vie !

L'alcoolisme est chose fréquente chez les enfants. J'y ai déjà fait allusion au début de cette conférence en vous disant qu'on les élevait dans le culte de Bacchus, et en insistant sur la puissance des mauvais exemples qu'ils ont constamment sous les yeux. Ces parents aveugles partent d'ailleurs de ce principe faux : que le vin donne de la force et de la vigueur aux jeunes enfants. Il m'est arrivé bien souvent de voir des parents faire boire à de jeunes enfants de grands verres de vin pur ; et comme je faisais remarquer que c'était là une pratique dangereuse, on ne manquait jamais de me servir comme article de foi, le principe en question.

M. Henri de Parville, le vulgarisateur scientifique bien connu, racontait l'autre jour qu'il avait été témoin du fait suivant, dans un des faubourgs de Paris. La mère était assise devant un litre de vin noirâtre avec son poupon de deux ans sur les genoux, elle avait fait de larges emprunts à la bouteille : « Tiens, Titine, tiens, à ton tour. »

Et l'abominable boisson passait dans la bouche de l'enfant.

Allez donc convaincre une pareille mégère qu'elle commet une faute grave, presque un crime !

Le docteur Lancereaux, membre de l'Académie de Médecine, dont les travaux sur l'alcoolisme font autorité, s'est beaucoup occupé de cette question et a suivi pas à pas, chez plusieurs enfants, l'influence néfaste des boissons alcooliques. Dès l'âge de deux ans, on les soumettait à des excès de vin, d'autres, déjà intoxiqués, prenaient, dès six ans, des liqueurs fortes, puis de la crème de menthe pour mieux digérer le vin devenu indigeste. Aussi qu'observait-on, cirrhose, paralysie, crampes, fourmillements, parésie, névrite, etc., tous les symptômes de l'intoxication alcoolique.

M. Goriatckine a cité à la Société de Pédiatrie de Moscou, plusieurs cas comme exemple de l'abus de l'alcool chez les enfants. J'en emprunte l'analyse à la *Gazette Hebdomadaire*.

« Dans un cas, il s'agit d'une fille de cinq ans à laquelle ses « parents donnaient de l'alcool (cognac, malaga), quand elle « n'avait encore qu'un an. Actuellement, elle prend tous les « jours deux petits verres à liqueur de vin très fort et une « cuillerée à café de cognac. Elle boit du vin avec plaisir et « devient très animée après, fait d'autant plus à noter que « l'enfant est apathique. L'appétit est toujours mauvais et « n'est excité que par des boissons alcooliques. L'enfant est « pâle, dort mal, a des sueurs nocturnes, le foie et la rate sont « augmentés de volume.

« Le second cas n'est pas moins caractéristique. Il s'agit « d'un garçon de douze ans, entré à l'hôpital pour des nausées, « des vomissements, de la diarrhée, du tremblement dans les « bras et dans les jambes. L'enfant est apprenti et pour faire « plaisir aux ouvriers avec lesquels il travaille, il est obligé de

« boire du vin et de la bière. Le malade a déclaré qu'il lui
« était impossible de ne pas boire et que son refus lui attirait
« des coups.

« Pour se rendre compte de l'extension de l'alcoolisme,
« M. Goriatckine a interrogé à ce sujet les parents qui amènent
« leurs enfants malades. Sur 1.671 enfants atteints d'affections
« différentes, 506 prenaient des alcools. Dans 273 cas l'alcool
« était donné pendant un laps de temps assez considérable. »

Des faits de ce genre ont été observés non-seulement en
Russie et en France, mais encore dans tous les pays adonnés à
l'alcoolisme.

En Normandie surtout, les ravages faits par l'alcoolisme
parmi la population enfantine sont particulièrement inquiétants. Il est fréquent de voir des enfants de quatre à dix ans
boire comme des adultes. Des instituteurs affirment que la
moitié des enfants qui fréquentent l'école présente des habitudes alcooliques. Comment pourrait-il en être autrement dans
ce pays béni des fantastiques beuveries, paradis du bouilleur
de crû, où les enfants sont toute la journée les commission-
naires de leurs mères ou de leurs sœurs très friandes de café
surtout parce que c'est une occasion d'y ajouter de l'eau-de-vie
qu'elles envoient chercher chez l'épicier par le jeune enfant.
Celui-ci en profite pour y goûter en route et on lui abandonne
le fond de la tasse pour le remercier de ses bons offices.

Ah ! la belle génération que ces habitudes nous préparent
dans les grandes villes et dans certaines campagnes.

Enfin, chose qui vous étonnera un peu mais qui a été
constatée par beaucoup de médecins, l'allaitement peut donner
lieu à l'alcoolisme chez le nouveau-né.

Dans beaucoup de familles aisées on accorde par jour à la
nourrice une bouteille et plus de vin généreux et quelquefois
à volonté de la bière riche en alcool. L'alcool donne de la force
et, en vertu du préjugé, il faut bien soigner la nourrice si l'on
veut donner de la force à l'enfant ; et la nourrice, qui ne demande
pas mieux, s'y prête avec d'autant plus de complaisance qu'elle
est convaincue qu'elle ne fait pas seulement du bien à l'enfant

mais qu'elle s'en fait à elle-même. Alors qu'arrive-t-il ? Il arrive qu'on empoisonne l'enfant puisqu'on l'alcoolise.

Dans tous les cas observés le tableau est le même, l'enfant devient nerveux, irascible, agité, son sommeil est troublé par des cauchemars, ou, s'il dort, c'est d'un sommeil profond, comateux. Quelquefois il survient des convulsions. On appelle alors le médecin et vous pensez si son embarras est grand. Il songe à la dentition, à la méningite, jusqu'au jour où il s'avise de s'enquérir de ce que boit la nourrice. Alors on supprime les vins généreux, le pale-ale, le porter et l'enfant revient à la santé.

On se fait trop souvent des idées fausses sur le régime alimentaire des nourrices, mais au moins qu'on n'aille pas, par des préjugés absurdes, rendre les petits enfants alcooliques. C'est bien assez des adultes et nous n'avons pas trop d'enfants pour l'avenir du pays.

Si les buveurs sont atteints sérieusement, il va sans dire que leur descendance l'est aussi. S'il est un héritage sur lequel nous pouvons sûrement compter, c'est bien celui des dispositions morbides de nos ascendants.

Ainsi se crée sous nos yeux une race nouvelle, une déviation de l'espèce moins bien outillée dans la lutte pour la vie et destinée à périr. Sur certains points du pays, et notamment dans la région rouennaise, le mal est profond ; les communes limitrophes de Rouen, toutes industrielles, sont peuplées d'alcooliques, et les médecins militaires comme les médecins civils sont frappés de la laideur du type et de l'insuffisance physique de ces populations. Décadence physique, dégradation morale, voilà ce qui caractérise l'alcoolisme héréditaire ; et, à ce sujet, souffrez que je vous en cite en finissant un bien curieux exemple de cette forme d'alcoolisme.

Le docteur Pellmann, de l'Université de Bonn, s'est livré à de patientes recherches sur les ravages de l'alcoolisme héréditaire dans une famille dont il a reconstitué l'histoire.

Une femme nommée Adda Jurcke, née en 1740, mourut au commencement de ce siècle, alcoolique, après avoir vécu en voleuse et en vagabonde. Sa postérité compte 834 individus. On a pu reconstituer l'existence de 709 d'entre eux et voici ce qu'on a trouvé : 106 étaient nés en dehors du mariage, 142 étaient mendiants, 64 pensionnaires de dépôts de mendicité, 181 femmes devinrent filles publiques et 76 individus de cette très intéressante famille furent condamnés pour crimes, 7 d'entre eux pour meurtres.

En 75 ans, cette famille d'alcooliques a coûté à l'Etat en secours d'indigents, entretien dans les prisons et en dommages causés, une somme évaluée à près de six millions de marks.

Je tiens à vous laisser sur cet exemple véritablement terrifiant et bien fait pour susciter les plus amères réflexions et peut-être alors ne trouverez-vous pas prématurée la conclusion de cette première conférence :

Le fléau de notre temps, ce n'est pas le choléra, ce n'est pas la peste, ce n'est pas le surmenage, ce n'est pas la guerre ni même la tuberculose, c'est l'alcoolisme.

DEUXIÈME CONFÉRENCE

L'ALCOOL : SES EFFETS PHYSIOLOGIQUES ET THÉRAPEUTIQUES. — BOISSONS ALCOOLIQUES ; BOISSONS HYGIÉNIQUES.

Messieurs,

Vous savez déjà que la conférence d'aujourd'hui doit être consacrée à l'alcool, ses diverses variétés, son action physiologique et thérapeutique, sa toxicité. Je la terminerai par quelques considérations rapides sur les boissons alcooliques et sur les boissons hygiéniques. Il est impossible de procéder avec méthode et de tirer quelque fruit de ces études, si, avant de passer en revue les maladies et inconvénients imputables à l'alcool, nous ne sommes pas fixés sur ses qualités et sur ses défauts. Je ferai tous mes efforts pour vous présenter ces notions indispensables sans trop d'aridité, je me servirai le moins possible d'expressions techniques et mon souci sera d'éviter avant tout l'écueil de la pédanterie. Je compte d'ailleurs que vous m'aiderez dans la tâche que je me suis imposée en me prêtant cette attention soutenue et indulgente qui ne m'a pas fait défaut lors de la dernière séance.

L'alcool, cette substance à la fois si utile et si nuisible à l'homme est produit par la fermentation des matières sucrées qui s'opère, comme l'a montré Pasteur en 1857, sous l'influence d'un végétal microscopique qu'on appelle la bourre de bière. Il s'en produit aussi dans la fermentation des matières amylacées qui ont subi le maltage. On sait, en effet, que les fécules contenues dans les pommes de terre et que les amidons contenus dans le blé se transforment en un sucre fermentescible sous l'influence de l'orge germée. Toutes les substances sucrées par nature ou ainsi transformées par le maltage, donnent par la fermentation ce qu'on appelle, en terme générique, un vin.

Dans cette transformation des matières sucrées par les végétaux microscopiques, presque tous les alcools étudiés en chimie sont produits.

Outre l'alcool usuel, alcool de vin ou éthylique qui est nuisible à la santé à haute dose ou à la longue, il se produit les alcools propylique, butylique, amylique, etc., qui sont des poisons rapides et à faible dose. Audigé et Dujardin-Beaumetz ont démontré que la toxicité de ces alcools suivait d'une façon presque mathématique leur formule atomique. Cela veut dire que si l'alcool de vin contient deux atomes de carbone pour six atomes d'hydrogène dans l'alcool amylique beaucoup plus toxique, on trouve cinq atomes de carbone pour douze atomes d'hydrogène. C'est sans doute pour cela que la chimie, par une ironie involontaire et charmante, les appelle alcools supérieurs. M. Alglave dont le nom reviendra dans ces conférences et qui, sans doute, est connu de beaucoup d'entre vous, car il poursuit, depuis longtemps, avec un talent remarquable et une ténacité admirable, la question de la rectification des alcools et de leur monopolisation par l'Etat, M. Alglave, dis-je, les nomme de façon fort juste et fort plaisante « les fils vauriens d'une mère à peu près honorable ». Tandis que l'eau-de-vie de vin contient des quantités assez faibles d'alcools propylique butylique, amylique, la proportion est renversée pour les eaux-de-vie de pommes de terre qui contiennent en grande quantité ces alcools toxiques, qu'on ne peut faire disparaître que par des rectifications successives.

Outre les alcools, la fermentation produit des éthers qui donnent des bouquets différents suivant les matières qui fermentent et qui, eux aussi, sont des toxiques et au premier chef.

Le jus fermenté contient encore, vous le savez, des quantités considérables d'eau qui varient entre 87 et 96 %. Le but de la distillation est d'extraire les différents alcools de ce grand excès de liquide aqueux. L'art d'extraire l'alcool des boissons fermentées date du commencement du moyen-âge ; dès le huitième siècle de notre ère, on savait se servir de l'alambic et par des distillations successives obtenir de l'alcool. Aujourd'hui, d'un seul coup, on obtient dans les appareils modernes la production d'un liquide riche.

Il va sans dire que l'on a des produits différents suivant la nature du jus fermenté primitif. Le vin ordinaire, le cidre, le poiré, le jus fermenté des cerises, des prunes, de la canne à sucre, donnent des eaux-de-vie dites naturelles, d'un goût agréable et dont les impuretés en faibles quantités, si la distillation est bien faite, constituent les bouquets particuliers.

Ces eaux-de vie portent des noms bien connus : cognac, marc, kirsch, rhum, calvados tiré du cidre, quetsch tiré du jus de prunes.

En Allemagne, enfin, on utilise la production excessive de fruits en fabriquant du vin de fraises, de framboises, de cerises, de myrtilles, de groseilles, de baies de ronces. A l'exposition de Dresde, en 1894, il y avait une douzaine de producteurs de vins de fruits et de baies.

Les liquides provenant de la distillation des vins de grains, de betteraves, de pommes de terre ont un goût épouvantable et on les appelle des flegmes. Le but de la rectification est d'obtenir de l'alcool éthylique ou tout au moins un alcool débarrassé de la plus grande somme possible d'impuretés.

Le principe de cette opération est la distillation fractionnée ; si on chauffe modérément, tout d'abord des vapeurs d'éthers, d'aldéhydes passent. C'est ce qu'on appelle les mauvais goûts de tête. Puis on recueille les moyens goûts de tête, c'est l'alcool bon goût. Viennent ensuite les moyens goûts de queue, il reste dans l'alambic les mauvais goûts de queue.

On a donc trois qualités d'alcools industriels : l'alcool bon goût ou alcool éthylique qui est à peu près pur et que d'aucuns considèrent comme peu nuisible ; l'alcool moyen goût déjà plus redoutable et l'alcool mauvais goût, poison violent, imbuvable heureusement et qu'on transforme en alcool à brûler.

Je me suis laissé dire cependant et j'ai même lu que certains industriels n'hésitent pourtant pas à l'employer pour la fabrication d'absinthe à bon marché.

En somme l'homme consomme des alcools de toute provenance, auxquels on donne le nom de trois-six, parce que trois parties de ces alcools mélangées avec trois parties d'eau donnent six volumes d'eau-de-vie de moyenne force, c'est-à-dire contenant 50 pour 100 d'alcool. Il serait à souhaiter que l'alcool bon goût servît seul à la fabrication des eaux-de-vie et des diverses liqueurs, il n'en est malheureusement pas ainsi et c'est le plus souvent l'alcool moyen goût qui est employé à cet effet. Avec quelques gouttes de certaines essences chimiques (poisons dangereux d'ailleurs) on obtient des rhums, des cognacs, des kirchs artificiels.

Depuis que le phylloxéra a ravagé nos vignobles, la France, qui produisait dans les Charentes les meilleures eaux-de-vie de vin du globe, a vu décroître tellement cette production qu'il faut aujourd'hui être très riche pour avoir de véritable eau-de-vie de vin, même en payant 20 et 30 fr. le litre, n'est-on pas assuré de la provenance du cognac que l'on boit. Que ceux qui comme vous et moi ne peuvent pas aborder des prix aussi élevés se rassurent et se consolent, nous verrons tout à l'heure, quand il sera question de la toxicité des alcools, qu'un médecin qui est encore « un empêcheur de boire en rond », a démontré d'une façon assez inattendue, qu'un verre de fine-champagne est aussi meurtrier, sinon davantage, que le verre d'eau-de-vie commune que l'on boit pour 15 ou 20 centimes chez le marchand du coin.

Quoiqu'il en soit, les alcools de vin qui de 1830 à 1850 constituaient la totalité de la production française de l'alcool ont diminué d'année en année.

En 1879, ils n'entraient plus dans la production que pour une neuvième partie environ.

En 1887, sur une production de deux millions d'hectolitres d'alcool, l'alcool de vin ne figure dans ce total énorme que pour une proportion infime de 23 ou 24 mille hectolitres, un quatre-vingtième de la production totale.

Nous savons maintenant comment on obtient l'alcool, quand nous aurons étudié son action physiologique et thérapeutique, sa toxicité, nous le connaîtrons sinon à fond, mais du moins suffisamment pour pouvoir nous prononcer et dire s'il mérite les attaques indignées, violentes parfois de ses nombreux détracteurs dont beaucoup peut-être, ainsi le veut l'humaine faiblesse, adorent à l'écart ce qu'ils brûlent en public.

Je ne veux vous dire que quelques mots de l'action physiologique des alcools :

Par lui-même l'alcool est irritant : appliqué sur les muqueuses, il produit une sensation de chaleur, de brûlure d'autant plus vive qu'il est plus concentré.

Introduit dans l'estomac, il l'irrite, augmente l'acidité du suc gastrique, et par là même, active la digestion stomacale.

C'est là un point capital qui explique cette pratique si usitée en Normandie et même ailleurs, qui consiste à faire un trou au milieu du repas en buvant un petit verre d'eau-de-vie.

Mais on ne peut prolonger cette action de l'alcool, peu à peu les glandes à pepsines surmenées s'épuisent, les glandes muqueuses versent alors leur produit dans l'estomac. Résultat : dilatation de l'estomac et gastrorrhée produisant la pituite matinale des buveurs.

Je m'arrête un instant ici pour appeler votre attention sur le danger qui résulte de l'habitude, si répandue, du petit verre pris après le repas pour en favoriser la digestion. Je sais bien que je heurte là un préjugé solidement établi, je ne me dissi-mule pas que je prends à vos yeux l'aspect toujours rébarbatif du moraliste qui vient faire voir le danger caché sous les fleurs. C'est si agréable de deviser gaiement après son repas, tout en sirotant un petit verre, c'est une des petites joies de ce monde les plus appréciées et nous savons bien que la vie est faite de ces petites joies compensées, hélas, par de grandes douleurs. Je vous entends vous écrier : mais il est anodin, docteur, ce petit verre ! Je le sais, mais je sais aussi qu'on commence par un petit verre pour finir par plusieurs. Additionnez les petites doses prises à la fin de la journée, de la semaine, du mois, de l'année et vous serez effrayés de voir que vous finissez par absorber un total fort respectable de litres d'alcool.

Revenons à l'action physiologique de l'alcool.

Pour Dujardin-Beaumetz, qui a beaucoup étudié cette question, l'alcool agit à la fois comme aliment, comme tonique et comme anti-thermique.

Pour lui, l'alcool est un aliment qui subit dans l'organisme une combustion à peu près complète, mais cette combustion, il la subit au détriment de l'oxygène du sang, par cela même il diminue les phénomènes combustifs et abaisse la température, c'est en un mot un aliment d'épargne.

Si l'alcool, comme le professait Dujardin-Baumetz, active les combustions organiques et donne à celui qui en fait usage une excitation passagère qui peut donner l'illusion de la vigueur accrue, ce résultat ne s'obtient qu'au détriment de la santé. En effet, l'alcool se fixe sur les globules rouges du sang qui sont les vecteurs de l'oxygène dans toute l'économie et cette action délétère s'exerce en donnant au sang artériel les caractères du sang veineux impropre comme vous le savez à revivifier les tissus. Une expérience très curieuse du professeur Bouchardat vous le fera saisir aisément. Ce savant, expérimentant sur un vieux coq qui avait un goût prononcé pour l'eau-de-vie, constata chez lui les principaux phénomènes de l'ivresse : les yeux brillants, la marche vacillante absolument semblable à celle de l'ivrogne, mais surtout la modification de couleur qui survenait dans la crête.

A la couleur rouge rutilante qu'elle a dans l'état normal, succèdait une couleur noire ; le sang artériel dont elle est abondamment pourvue était remplacé par un sang présentant la coloration du sang veineux.

Il y a donc détérioration du sang artériel qui devient ainsi inapte à la respiration et c'est ce qui vous expliquera les cas de mort subite par asphyxie, si fréquemment observés chez les ivrognes.

L'alcool agit aussi en nature sur les centres nerveux auxquels il communique des éléments de force et de tonicité, comme le voulait le professeur Gubler, c'est un dynamophore.

Il est certain, qu'à dose modérée, l'alcool est salutaire par l'espèce d'excitation physique et intellectuelle qu'il procure à condition qu'on l'utilise. Il est néfaste à haute dose par la dépression qui en résulte. De sorte que le malheureux voué à l'alcool tourne dans un cercle vicieux, quand il est déprimé, qu'il sent ses forces l'abandonner, qu'il a de la peine à rassembler ses idées, il va chercher dans l'alcool l'excitation qui lui est nécessaire et cette excitation ne tarde pas à être suivie d'une dépression nouvelle. De là, énervement, usure cérébrale affaiblissement général précurseur d'une destruction totale.

En vous signalant l'excitation intellectuelle due à l'alcool, je dois vous dire que beaucoup d'écrivains, et plus d'un poète, lui ont demandé cette flamme d'un moment qu'ils ont réussi à faire passer dans leurs œuvres mais je vous ferai remarquer en même temps, que cette inspiration se présente de façon différente suivant les époques et les excitants auxquels on s'est adressé pour la trouver.

Avant que l'alcool fut entré dans la consommation courante, c'est au vin, au vin de France, généreux et gai, qu'on vient la demander et alors nous avons François Villon, poète du XV⁰ siècle, type du bohême parisien, joyeux compagnon malgré sa pauvreté, un peu fripon, beaucoup larron, sauvé du gibet deux fois par le roi Louis XI, cherchant l'inspiration au fond du verre et l'y trouvant parfois avec un grain de philosophie qui lui fait jeter un triste regard sur son passé et s'écrier : « Mais où sont les neiges d'antan ».

Au XVII⁰ siècle, c'est La Fontaine, ce païen adorable, qui fut avec Racine la plus haute expression poétique de son temps. Que de choses aimables dans leur abandon un peu léger ; nous devons à cette gaieté du bonhomme qui venait se retremper dans ces dîners joyeux de la petite maison d'Auteuil où l'histoire nous le montre assis à côté de Boileau, le maître du logis, de Molière, de Racine et du chanoine Maucroix.

La tradition veut même qu'à un de ces dîners, le poète qui

avait un peu trop fêté la dive bouteille, tomba dans une mélancolie qui ne lui était pas habituelle, et en vint à prononcer un discours éloquent sur les vanités et les tristesses de ce monde et sur la facilité qu'on avait d'y échapper en allant se jeter à la Seine. Ses amis, convaincus, se disposaient à le suivre lorsque Molière, dont la haute raison ne s'égarait jamais, intervint et fit avorter ce beau projet dont la réalisation eut été chose néfaste pour l'avenir des lettres françaises.

Au XVIIIe siècle, Bacchus n'eut pas de plus fervent adorateur que Piron, dont la muse un peu décolletée parfois fut toujours spirituelle et d'une gaieté communicative. C'est lui qui ayant trop bu un jour de Vendredi-Saint et ne réussissant pas à le dissimuler, répondit à l'apostrophe d'un passant qui le blâmait de s'être oublié de la sorte en un pareil anniversaire : « Le jour où la divinité succombe, l'humanité peut bien tituber ».

Au XIXe siècle, l'alcool apparaît et alors nous avons Alfred de Musset, tout ce que l'esprit a de plus soudain, de plus capricieux, de plus troublant avec une nuance de mélancolie et quelquefois de désespoir, le tout finissant par le naufrage intellectuel le plus désastreux, grâce à l'absinthe et aux longues séances mornes et navrées du café de la Régence.

Il était donné au temps où nous vivons de fournir le plus attristant exemple des ravages que l'alcool peut produire chez un homme de lettres, un poète qui, pour quelques uns de ses admirateurs enthousiastes, a cotoyé le génie.

C'est de Paul Verlaine que je veux parler ; vous avez tous vu ici ou là son portrait, mais Anatole France l'a admirablement décrit et je ne résiste pas au plaisir de le citer : « A le voir, on dirait un sorcier de village. Le crâne, nu, cuivré, bossué comme un antique chaudron, l'œil petit, oblique et luisant, la face camuse, la narine enflée ; il ressemble avec sa barbe courte rase et dure à un Socrate sans philosophie et sans la possession de soi-même ».

Vous savez, car il était devenu légendaire, qu'il tenait ses assises pendant la belle saison à la table d'un café et que l'hôpital Bichat lui donnait l'hospitalité pendant les jours d'hiver. Entouré de parasites, fruits secs de toutes les carrières, fervents de la déesse absinthe, il faisait à leur instigation des sonnets qu'ils allaient vendre pour boire encore, boire toujours. Et ce poète avait du génie, mais jamais le génie ne fut plus près du ruisseau. Et pourtant, que de belles choses dans son œuvre. Tenez, goûtez cette strophe de sa charmante petite pièce intitulée : « C'est la fête du blé » :

> Travaille, vieux soleil, pour le pain et le vin,
> Nourris l'homme du lait de la terre et lui donne
> L'honnête verre où rit un peu d'oubli divin.
> Moissonneurs, vendangeurs, là-bas ! Votre heure est bonne !

Que n'a-t-il bu toujours dans l'honnête verre dont il parle, il eut épargné à sa génération le spectacle déprimant d'une belle intelligence obscurcie par les fumées de l'alcool et poussée aux pires défaillances.

Revenons à l'action physiologique de l'alcool, il me reste à vous dire que l'alcool est absorbé dans tous les points du tube digestif, mais surtout dans l'intestin. Il passe dans les veines et de là dans le foie où sa présence détermine cette périphlébite hépatique origine des cirrhoses des ivrognes. Arrivé dans le système artériel, il s'élimine par les poumons et par d'autres émonctoires sur lesquels vous me permettrez de ne pas insister. Plus l'estomac est vide et plus vite l'alcool est absorbé et charrié dans l'économie toute entière. C'est ce qui explique pourquoi l'habitude de tuer le ver dès le matin est une habitude déplorable qui conduit rapidement aux accidents de l'alcoolisme.

De l'action physiologique de l'alcool découlent ses propriétés thérapeutiques.

Son action sur l'estomac explique pourquoi on y a recours dans les vomissements incoercibles, on l'emploi alors sous forme de vin de champagne qui agit à la fois par l'alcool qu'il contient et par l'acide carbonique.

Son action antithermique et anti-fébrile vous expliquera pourquoi on l'emploie dans certaines maladies aiguës et notamment dans la pneumonie ou fluxion de poitrine. C'est surtout depuis 1860, époque où parut un travail publié par un médecin anglais, Robert Bentley Todd, que cet emploi s'est généralisé.

Todd disait avec raison que dans les maladies aiguës, le rôle du médecin était de soutenir les forces vitales et que l'alcool répondait merveilleusement à cette indication. Il est certain que la médication alcoolique donne dans le traitement de la pneumonie des résultats supérieurs à la saignée et au tartre stibié, dont les médecins d'il y a cinquante ans faisaient véritablement abus.

Un fait hors de discussion c'est que, dès qu'un alcoolique est atteint d'une maladie fébrile, il serait souverainement imprudent de le priver de cet excitant journalier, dont il ne peut plus se passer, sous peine de le voir s'affaisser rapidement et présenter des symptômes inquiétants.

L'alcool donne aussi de bons résultats dans le traitement de la fièvre typhoïde et de la fièvre paludéenne. On cite de curieux exemples de fièvres intermittentes rebelles à tout traitement et qui furent guéries par l'ingestion de doses considérables d'alcool. Des observations de ce genre sont dues à M. Burdel de Vierzon et à M. Hérard, le vénéré président du comité médical de l'œuvre d'Ormesson.

Beaucoup de médecins donnent de l'alcool dans le traitement de la phtisie pulmonaire, et dans les sanatoria allemands et suisses consacrés au traitement de cette maladie, nous voyons qu'une certaine quantité d'alcool entre dans l'alimentation journalière. Je ne suis pas éloigné de croire que c'est avec raison ; l'alcool joue ici le rôle d'un médicament d'épargne.

Les habitants du nord de l'Asie ne sont jamais atteints de tuberculose, ils font usage d'une liqueur alcoolique appelée koumiss, préparée avec du lait. Il est bon d'ajouter que ces peuplades errantes passent leur vie à cheval, au grand air et dans une atmosphère qui ne permet guère au bacille de la tuberculose de se développer.

L'action tonique de l'alcool justifie son emploi dans les formes adynamiques des fièvres, la débilité sénile et toutes les maladies qui, par leur longue durée ou la sévérité de leurs atteintes, amènent la déchéance de l'organisme.

On donne aussi l'alcool dans le choléra et dans l'influenza, et ici il n'agit pas seulement comme tonique mais encore comme antiseptique.

Vous voyez combien l'alcool est employé en thérapeutique, il y rend des services cela n'est pas douteux, mais j'ai bien peur qu'ici comme pour beaucoup d'autres choses, l'usage n'ait été voisin de l'abus. Une réaction semble se faire d'ailleurs, bientôt l'alcool ne soutiendra plus la concurrence avec les nombreux sérums qui sortent de tous les laboratoires, et la mode, car il y a une mode en thérapeutique comme partout, pourrait bien porter à l'alcool un coup fatal. N'est-ce pas le cas de rééditer cet aphorisme ironique attribué à Trousseau : « Hâtez-vous de prendre ce médicament tandis qu'il guérit ».

Passons maintenant à la toxicité de l'alcool.

Il ne faudrait pas conclure de ce que j'ai pu vous dire que l'alcool peut être bu impunément à la condition qu'il soit pur. *Ce n'est pas tant une question de qualité, qu'une question de quantité.* En 1850, les Français buvaient en moyenne 1 litre 45 d'alcool par tête ; ils en boivent aujourd'hui officiellement, 4 litres 5. Voilà où est le danger. Autre danger : j'entends dire à chaque instant dans ce pays-ci où chacun est plus ou moins bouilleur de cru : « Je ne bois que de l'eau-de-vie de marc ou de l'eau-de-vie de prunes, distillée chez moi, je sais ce qu'il y a, c'est du bon et ça ne peut pas faire de mal. » Eh bien, c'est une erreur et ceux qui parlent ainsi vivent dans une illusion qui pourrait leur coûter cher.

M. Riche, chimiste des plus distingués, a voulu se rendre compte de la pureté actuelle des divers alcools consommés en France et s'est procuré, en s'entourant de toutes les garanties nécessaires des eaux-de-vie de vin, de cidre, de prunes, de marc et des alcools industriels du type le plus inférieur livré au marché de la Bourse de Paris. Des analyses comparatives faites avec le plus grand soin lui ont démontré que tandis que, les alcools industriels sont à un état voisin de la pureté, les eaux-de-vie naturelles sont toutes plus ou moins impures ; certaines eaux-de-vie de marc renferment des quantités tellement fortes d'aldéhydes et d'alcools supérieurs — ainsi appelés — je vous l'ai dit — par un aimable euphémisme, qu'elles en deviennent véritablement dangereuses, dans l'une il a trouvé 8 gr. 24 d'impuretés alors qu'un flegme brut de betteraves n'en contient que 5 gr. 42 à degré alcoolique double.

La conclusion de M. Riche est donc que les eaux-de-vie de vin contiennent les mêmes impuretés que les alcools d'industrie livrés à la consommation, en un mot, qu'au point de vue de la toxicité les unes sont aussi pernicieuses que les autres. Ces conclusions prennent une nouvelle force si on les rapproche de celles du docteur Daremberg, qui est venu, il y a quelque temps, dire à l'Académie de Médecine que les eaux-de-vie de vin réputées les meilleures et les plus pures, celles qui se payaient 30 fr. la bouteille et davantage renfermaient plus d'impuretés réputées nuisibles à la santé que les eaux-de-vie à 3 ou 4 francs faites d'alcool de betteraves parfumé artificiellement.

Je dois dire que cette affirmation, tout-à-fait imprévue, a soulevé une certaine incrédulité. Cependant le docteur Daremberg s'appuyait sur un certain nombre d'expériences dont je me bornerai à vous exposer le résultat.

Et d'abord l'expérience fondamentale est la suivante : 10 centimètres cubes d'alcool pur à 38 degrés injectés dans la veine de l'oreille d'un lapin le laissent un quart d'heure ivre mort. Au bout de ce temps, il reprend son allure ordinaire. D'où la conclusion qui s'impose que l'alcool pur pris en petite quantité, n'est pas toxique par lui même et que cette toxicité provient des éthers, aldéhydes et alcools supérieurs contenus dans les eaux-de-vie ou alcools distillés par des procédés qui sont loin de la perfection. Dans le cours de ces expériences, le docteur Daremberg a reconnu que le rhum d'origine authentique, rhum de la Jamaïque, rhum de la Martinique, tue instantanément les lapins. Le rhum artificiel fabriqué avec de l'alcool d'industrie, parfumé avec un peu d'alcool de canne à sucre ne leur est au contraire pas plus nuisible que l'alcool pur.

Deux lapins sont injectés avec du kirsch naturel : ils meurent sur le coup. Deux autres reçoivent du kirsch artificiel ; ils sont plus malades qu'avec de l'alcool pur, mais ils vivent et repren-

nent leur allure naturelle au bout d'une demi-heure. L'anisette,
naturelle ou artificielle (toutes deux contenant de l'essence
d'anis) est extrêmement toxique. Le curaçao l'est beaucoup
moins. Les bitters, byrrhs, donnent des ré ultats très différents. Mais la liqueur éminemment toxique c'est l'absinthe,
quelle qu'en soit la marque. On peut objecter à ces expériences
que de l'action de l'alcool injecté dans une veine, on ne peut
conclure en toute assurance à l'action de l'alcool ingéré dans
le tube digestif et soumis à tous les liquides de la digestion.
Une partie de ces phénomènes doit subsister cependant, puisque nous savons que l'alcool est emporté dans la circulation
générale et a pour caractéristique de se fixer sur les globules
rouges du sang.

Quoiqu'il en soit, ces expériences sont des plus intéressantes,
elles présentent sous un jour nouveau la question de la toxicité
des alcools et peuvent être considérées comme un progrès
notable dans l'étude de cette question capitale. Pour en finir
avec tout ce qui a trait à la toxicité de l'alcool, je dois vous
dire que l'accord est loin d'être fait entre tous les savants que
cette question passionne, mais ce qui me paraît hors de toute
contestation. c'est que l'alcool quel qu'il soit, pur ou chargé
d'impuretés est un poison. Sur ce point je suis irréductible
et au risque de me répéter j'ajouterai, que si l'alcoolisme est
devenu un fléau cela tient plus encore à la quantité qu'on
ingère qu'à la qualité.

Les boissons alcooliques qu'il nous reste à examiner peuvent être divisées en trois groupes : 1º les vins, 2º les cidres et
les bières, 3º les eaux-de-vie et les liqueurs.

Vous savez qu'il faut remonter bien haut dans l'histoire
pour trouver les premières traces de la culture de la vigne.
Bacchus chez les Grecs, Noé chez les Sémites, Osiris chez les
Egyptiens, passent pour avoir, les premiers, enseigné les divers
moyens de la cultiver. En tout cas cette culture paraît origi-
naire de l'Asie.

Ce serait une profonde erreur de croire que le vin n'est
qu'un mélange d'eau et d'alcool. Pour Dujardin-Beaumetz, qui

fait autorité en ces matières, c'est un tout complet, vivant pour ainsi dire, dont tous les éléments constituent un ensemble si complexe, si homogène que nous ne pouvons modifier l'un ou l'autre sans apporter dans la composition du vin de profondes modifications.

En dehors de l'eau et de l'alcool, les vins renferment de la glycérine, du tannin, des huiles essentielles, des éthers, des sels et en particulier des tartrates et suivant les périodes où on examine le vin, les quantités de ces éléments varient.

Le vin est en quelque sorte un être vivant par les fermentations qu'il subit.

Il a sa jeunesse, sa maturité et sa vieillesse. Certains crus, comme ceux de Bourgogne, vivent peu et arrivent vite à la caducité, d'autres comme ceux de Bordeaux ont une vie plus longue et il arrive même qu'on les fait voyager pour hâter leur maturité.

Enfin, les vins ont leurs maladies qui résultent le plus souvent de leur mauvaise fabrication et de la fermentation vicieuse qu'y détermine la présence de produits impurs.

La richesse alcoolique des vins varie de 7 à 23 pour cent. Les vins de consommation courante sont ordinairement de 7 à 10 pour cent.

Les vins se divisent en vins-liqueurs, vins rouges, vins blancs, vins mousseux.

Les vins liqueurs sont constitués par les vins d'Espagne, de Portugal, de Sicile. Ils renferment de 15 à 23 pour cent d'alcool.

Nos vins rouges de consommation courante ne contiennent pas au-dessus de 10 pour cent d'alcool et nos vins du centre de la France en contiennent à peine 7.

Ces vins sont malheuseusement l'objet de manipulations coupables qui ont l'effet le plus désastreux sur la santé publique. Je ne crains pas d'affirmer qu'une de ces fraudes les plus coupables est celle que l'on désigne sous le nom de vinage et qui consiste dans l'addition d'une quantité plus ou moins considérable d'alcool.

Ces vins vinés ont une conséquence déplorable pour l'hygiène des classes laborieuses et ils ont substitué à l'ivrognerie, résultat de l'abus du vin, l'alcoolisme avec toutes les conséquences que vous connaissez ou sur lesquelles j'appelerai bientôt votre attention. Les vins rouges sont de par le tannin qu'ils contiennent les vins toniques par excellence.

Les vins blancs, beaucoup moins toniques que les rouges, sont des vins diurétiques au premier chef et cette action bienfaisante était déjà connue au temps d'Hippocrate. Ils paraissent aussi faciliter la digestion et comme ils semblent présenter plus de garanties que les vins rouges au point de vue de la certitude de leur origine, cela vous expliquera pourquoi ils jouissent d'une faveur si marquée auprès de beaucoup de malades et de nombre de médecins.

Les vins mousseux, dont les vins de Champagne sont le type le plus parfait, rendent en médecine de signalés services. Grâce à l'acide carbonique qu'ils renferment ils calment et endorment la muqueuse de l'estomac. Joignez-y la glace et vous serez suffisamment armés pour combattre les vomissements incoercibles. Ces vins mousseux sont stimulants, digestifs, mais ne conviennent pas aux personnes prédisposées aux congestions de la tête.

Le second groupe des boissons alcooliques comprend les cidres et les bières.

Résultat de la fermentation des pommes et des poires, les cidres et poirés sont des boissons dont on fait grand usage en France. Un cidre bien préparé doit contenir de 5 à 6 pour cent d'alcool; les cidres doux renferment une proportion moins considérable, de 1 à 1,70 pour cent. Les cidres sont légèrement purgatifs et surtout diurétiques. On les considère comme utiles dans le traitement de la goutte et de la gravelle.

Les bières sont d'un usage si général qu'on peut affirmer qu'en Europe il y a plus de personnes buvant de la bière, que de personnes buvant du vin.

Les bières, vous le savez, résultent de la fermentation de l'amidon contenu dans certaines graines, particulièrement l'orge. Il serait trop long d'entrer dans tous les détails de fabrication de la bière, je dirai simplement que l'infusion de houblon y est employée pour lui donner son goût spécial, et que la fermentation se fait à chaud ou à froid. Les bières contiennent une proportion d'alcool qui varie entre 7 et 3 pour cent. Ce sont les bières anglaises qui sont les plus alcoolisées, les bières belges viennent ensuite, puis certaines bières françaises (Nancy, Tantonville, Lyon), puis les bières allemandes, et enfin les bières autrichiennes qui ne contiennent environ que 3,5 pour cent.

Au-dessous de 3 pour cent, il s'agit des petites bières qui doivent être bues immédiatement et ne peuvent se conserver.

Ces boissons sont très diurétiques et doivent cette qualité à cette propriété qu'a la bière de ne pas étancher la soif. Plus on boit de la bière et plus on veut en boire. Il suffit, paraît-il, de parcourir les brasseries de certaines villes allemandes, comme Munich, par exemple, pour voir quelle quantité énorme de bière un homme peut absorber en un jour. Cette quantité dépasse quelquefois vingt litres par jour. Heureusement pour nos voisins, cette énorme quantité de liquide ne fait que traverser l'économie, transformant ainsi le buveur en un énorme filtre. Vous sentez bien que cette transformation n'est pas sans entraîner des inconvénients et qu'il vient un jour où l'estomac et le rein protestent à leur façon contre le surmenage qu'on leur impose.

Le troisième groupe des boissons alcooliques comprend les eaux-de-vie et les liqueurs. Je ne dirai rien des premières que je ne vous ai déjà dit. La qualité des liqueurs dépend de la nature de l'alcool employé et de la substance qui sert à les aromatiser. Ces liqueurs, et particulièrement celles à bas prix, sont surtout pernicieuses par la mauvaise qualité de l'alcool employé, dont l'arôme introduit n'est là que pour dissimuler l'horrible goût. Vous n'êtes pas sans avoir reçu des circulaires d'industriels vous proposant des extraits destinés à préparer rapidement toutes sortes de liqueurs et à leur donner le bouquet voulu. Méfiez-vous ; ces extraits contiennent en grande quantité ces éthers ou essences dont l'effet est particulièrement nuisible.

C'est surtout dans la fabrication des absinthes à bas prix qu'on fait entrer les alcools de qualité détestable. Aussi, que de méfaits au compte de l'absinthisme ! On a pu dire, avec une apparence de raison, qu'en Algérie l'absinthe avait détruit plus de nos soldats que le plomb des Arabes. Quant aux prétendus apéritifs dont on fait usage dans nos cafés, ils n'ont aucune action stimulante sur la digestion, et tous les extraits de gentiane, d'aloès, de quassia, etc., qui constituent la base commune des bitters et amers, n'ont aucune action favorable sur la sécrétion du suc gastrique qu'elles entravent plutôt. Si quelques personnes prétendent en éprouver des bienfaits, c'est qu'elles confondent les crampes d'estomac, occasionnées par l'action irritante de ces alcools, avec la sensation de la faim.

Quelques mots, en finissant, sur les boissons hygiéniques, et nous posséderons les notions suffisantes pour pousser notre étude plus loin.

En première ligne je placerai l'eau. Si je ne m'abuse, quelques sourires ironiques accueillent cet énoncé un peu imprévu: Rien n'est plus vrai, cependant. Je ne veux point parler de l'eau de Seine au-dessous du collecteur d'Asnières, ou de l'eau de la Marne dans la traversée de Nogent. Il s'agit de l'eau de source ; la boisson par excellence qui, pour mériter ce titre, doit contenir de l'air, au moins de 25 à 50 centimètres cubes par litre, et des sels dans la proportion de 0 gr. 50 par litre. Ces sels, qui sont des sulfates et des carbonates de chaux sont absolument nécessaires pour la constitution du squelette au premier âge de l'homme et des animaux. Lorsque l'eau contient ces sels en proportions plus considérables, elle devient désagréable au goût et de digestion difficile.

Fait à noter et à ne pas oublier : on peut juger de la qualité d'une eau par sa flore et par sa faune. Pour la flore, si le cresson n'est pas la santé du corps, il constitue certainement la santé des ruisseaux ; partout où il croît l'eau est saine, tandis qu'au contraire la lentille d'eau indique une eau de mauvaise qualité. Pour la faune, toute rivière privée de poissons et de mollusques est impropre à l'alimentation.

Bue glacée, l'eau stimule la digestion, mais son usage prolongé amène la diarrhée et l'irritation intestinale ; dans les pays où on en fait abus, comme aux Etats-Unis, les affections du tube intestinal sont fréquentes. Chaude, l'eau absorbée devient sudorifique, et ainsi s'expliquent les services discutables que les nombreuses tisanes rendent à la médecine.

Dans la région volcanique du centre de la France, en Auvergne, notamment, nous trouvons un grand nombre de sources d'eau chargée d'acide carbonique. Je ne les énumérerai pas, vous les connaissez d'ailleurs.

Ces eaux, très agréables à boire, sont d'une grande pureté qui les rend précieuses en temps d'épidémie et, par l'acide carbonique qu'elles contiennent, calment l'estomac et régularisent les digestions. Il ne faut pas cependant habituer l'estomac à ne digérer qu'avec le secours des eaux gazeuses, l'organe se fatiguerait à la longue.

Des eaux minérales artificielles, dont les eaux de Seltz sont le type, je dirai ceci : que l'union du gaz avec l'eau n'est pas assez intime, que ce gaz contient des impuretés, et qu'on n'est jamais assuré de la pureté de l'eau employée.

Les autres boissons hygiéniques sont les boissons dites aromatiques, c'est-à-dire celles qui renferment l'alcaloïde, qui a été décrit dans le café sous le nom de caféine, dans le thé sous le nom de théine, et qu'on a rencontré dans la kola associée à la théobromine.

Toutes ces boissons aromatiques, ayant pour principe actif la caféine, sont prises en immense quantité sur l'étendue de notre globe, et leur usage est beaucoup plus répandu que celui des boissons alcooliques.

Les deux plus connues sont le thé et le café. L'action physiologique et hygiénique de la caféine est encore fort discutée. Mais on paraît s'être mis d'accord sur les trois points suivants : La caféine empêche la dénutrition, c'est un aliment d'épargne ;

la caféine est un tonique, la caféine est un aliment par l'azote qu'elle renferme. Par son action tonique, par l'activité qu'il imprime à la circulation, par une action directe peut-être sur les éléments nerveux, le café agit directement sur le cerveau, et on peut dire de lui qu'il est la vraie boisson intellectuelle.

Le thé possède, à un degré moindre, les mêmes propriétés que le café, et vous savez quel usage on en fait en Chine, au Japon, en Russie, en Pologne, en Angleterre. C'est la boisson des riches comme des pauvres.

En faisant des recherches pour préparer cette conférence, je suis tombé sur un article d'un journal de médecine signé du docteur Marandon de Montyel, médecin de l'asile de Ville-Evrard, et dans lequel ce médecin donne la formule — ou la recette, ce sera plus exact — d'une boisson qui, dans sa pensée, pourrait avantageusement remplacer, chez les alcooliques, les boissons à base d'alcool.

Il fait remarquer que l'eau est sans doute une chose excellente pour éteindre le désir de l'alcool, mais que la soif n'en persiste pas moins, et que l'eau ne saurait suffire à l'étancher complètement à cause d'un besoin de sensualité qui la double ; il faut, pour cela, une boisson agréable.

Après ces prémices, destinées à bien disposer le lecteur et à lui mettre, c'est le cas de le dire, l'eau à la bouche, le docteur Marandon de Montyel donne sa recette, en affirmant qu'elle permet d'obtenir une boisson dont la couleur est celle du vin blanc, et le goût celui du vin mousseux.

On emploie les ingrédients suivants : 1 kilo de cassonade blanche, 1 kilo de cassonade brune, 500 grammes d'orge mondé, 30 grammes de houblon, 30 grammes de coriandre, 25 grammes de sureau, 25 grammes de violettes, 1 litre de vinaigre, 50 litres d'eau.

L'opération se pratique de la manière suivante : On prend un tonneau très propre et, après y avoir fait une ouverture carrée à la place de la bonde, de 15 à 20 centimètres de côté, on y verse en premier lieu le vinaigre, ensuite la cassonade, puis les autres ingrédients. Le tout, étant ainsi dans le tonneau, avec une palette propre on le remue afin de bien opérer le mélange, après quoi on verse l'eau et on laisse infuser pendant une huitaine.

On met alors le breuvage en bouteille en ayant soin de le filtrer pour qu'il soit clair et de se servir de bons et solides bouchons. Au bout de quatre jours on peut le livrer à la consommation.

Le litre revient à sept centimes, prix bien inférieur à celui du vin dont cette boisson donne l'illusion. Je reconnais qu'il y faut une dose considérable de bonne volonté, mais quand on prend de la philosophie on n'en saurait trop prendre, et considérez, je vous prie, que dans ce monde, nos réalités les plus aimables ne sont souvent que des illusions.

TROISIÈME CONFÉRENCE

Messieurs,

Je vous disais dans ma dernière conférence que de 1830 à 1850 l'alcool de vin avait constitué la totalité de la production française de l'alcool, mais qu'à partir de cette époque, cette production était allée en diminuant d'année en année, pour devenir à peu près négligeable.

J'ajoutais que, par contre, la production annuelle des alcools industriels avait toujours augmenté et dépassait actuellement deux millions d'hectolitres. Je ne rappelle ces détails intéressants que pour en tirer un rapprochement instructif et en arriver à vous dire que le développement de l'alcoolisme a subi une augmentation croissante depuis 1850 et en rapport exact avec la production et la consommation des alcools d'industrie.

Avant 1850, il n'était pas question d'alcoolisme chronique, — car l'alcoolisme aigu ou ivresse a toujours existé, tout au moins depuis le bonhomme Noé — les auteurs d'ouvages de médecine ne s'en préoccupaient pas et, dans la plupart des ouvrages didactiques antérieurs à 1870, on ne trouve pas de chapitre sous cette rubrique. Le professeur Vulpian avait coutume de dire dans ses cliniques de la Charité, qu'avant 1848, dans les divers hôpitaux de Paris, on entendait bien rarement parler d'alcoolisme chronique.

Peut-être connaissait-on moins bien qu'aujourd'hui le rôle joué par cette intoxication spéciale dans nombre de maladies, mais il y a tout lieu de penser que si on ne la voyait pas, cette intoxication, c'est qu'elle ne se présentait pas avec des signes suffisants, car les médecins d'alors ne le cédaient en rien à ceux d'aujourd'hui pour le talent et la sagacité.

L'expression d'alcoolisme chronique elle-même n'existait pas; on la trouve pour la première fois en 1852, dans un ouvrage d'un médecin Suédois nommé Magnus Huss.

L'alcoolisme chronique est donc une acquisition de la seconde moitié de ce siècle, acquisition dont nous n'avons pas le droit de nous enorgueillir et si le siècle qui va finir n'en avait pas d'autre que celle-là à son actif, il ferait piteuse mine devant l'histoire.

Vous n'avez peut-être pas oublié la définition que je vous ai donnée de l'alcoolisme chronique dans la première séance, je vous disais que c'était une intoxication caractérisée par des troubles morbides variés. Je vais compléter cette définition forcément incomplète en faisant devant vous une revue rapide des maladies nombreuses que l'alcoolisme rend plus fréquentes ou auxquelles il donne un caractère de gravité particulier. Je vous dirai d'abord que l'alcoolisme chronique n'est pas toujours facile à dépister, souvent il existe depuis des années à l'état latent, sans s'être jamais révélé par aucun phénomène. L'intoxiqué, grâce à des doses journalières savamment administrées et espacées, est arrivé à un degré de tolérance parfaitement compatible avec la santé, il dort sur ses deux oreilles, se couche, le soir, content de sa journée, comme cet empereur Romain qui ne dormait heureux que s'il avait accompli une bonne action, et quelquefois il se réveille en présentant toute la kyrielle des accidents aigus. Il a suffi, pour cela, de libations un peu trop prolongées au cabaret ou au café, d'un refroidissement qui aura été l'occasion d'une congestion pulmonaire ou d'une pneumonie qui se présente avec une gravité toute particulière et une tendance caractéristique au délire.

Cette explosion de l'alcoolisme jette toujours l'entourage du malade et le médecin dans une perplexité qu'explique la violence des accidents. Il n'est pas toujours facile au médecin de remonter à l'origine du mal, il fait bien son enquête avec cet esprit de doute philosophique qui le caractérise, mais il se heurte le plus souvent à des dénégations intéressées et force lui est bien de s'en tenir à ce qu'on lui dit, sauf à agir du côté où il croit que se trouve la vérité.

On retrouve ici, en petit, la question qui s'est posée en grand depuis Dupuytren pour tous les chirurgiens qui se sont demandés jusqu'à quel point le délire des amputés ou des blessés pouvait être mis sur le compte de cet alcoolisme latent.

Les effets de l'alcool sur le système nerveux sont certainement ceux qui frappent le plus vivement le public et le médecin, l'ensemble symptomatique en est tellement saisissant, qu'ils ont paru un instant dominer toute l'histoire de l'alcoolisme.

Je compte consacrer à leur description la seconde partie de cette conférence, mais je veux auparavant appeler votre attention sur d'autres accidents, moins bruyants en apparence, plus tardifs aussi, mais non moins graves et qui intéressent la plupart des tissus de l'économie.

Les quelques notions de physiologie que je vous ai exposées dans la dernière séance vous permettront de comprendre facilement comment ces accidents se produisent et se suivent en se hiérarchisant pour ainsi dire.

A peine ingérées, les substances alcooliques exercent leur action sur l'estomac d'abord, puis sur les intestins à un moindre degré, absorbées par les veines de l'estomac, elles passent par la veine porte dans le foie, dans le cœur droit et dans l'artère pulmonaire. De la petite circulation l'alcool passe dans la grande et exerce successivement son action sur les parois des artères et sur les tissus des différents organes.

Il en résulte que les deux organes les plus touchés chez les buveurs invétérés sont l'estomac et le foie. Voici comment se présentent les altérations de l'estomac. Au début, perte de l'appétit, digestions difficiles, ce que l'on désigne sous le terme générique de dyspepsie, tous les matins, véritable gastrorrhée caractérisée par des vomissements muqueux parfois fort pénibles, connus sous le nom de pituite des buveurs. En un mot, il y a une véritable gastrite. Quand cette inflammation passe à la chronicité, il peut se présenter deux cas bien différents, ou la cavité stomacale se dilate comme il arrive chez les grands buveurs de bière, ou bien elle se rétrécit par rétraction et atrophie des parois.

Arrivée à ce degré, l'inflammation chronique de la muqueuse stomacale se termine, chez certains buveurs, par l'ulcération, chez d'autres, on observe le cancer.

Dans les deux cas, les ivrognes sont devenus des malades, de grands malades dont le sort est digne de pitié, il n'est pas seulement question de manque d'appétit, de vomissements muqueux, mais ces malheureux éprouvent des douleurs très vives au creux de l'estomac et dans le dos au point correspondant, ils vomissent tous les aliments d'une façon incoercible et quand ils ne succombent pas à des vomissements de sang abondants et répétés, c'est pour assister pendant de trop longs jours, en pleine possession de leurs facultés, à l'œuvre de déchéance et mourir au dernier terme de la cachexie.

Le foie qui est placé le premier sur le chemin de l'absorption est non moins touché que l'estomac car la totalité de l'alcool absorbé le traverse.

Au contact des substances alcooliques, le foie s'altère de deux façons différentes, ou il subit la dégénérescence graisseuse, ou il s'enflamme chroniquement ; dans le premier cas il y a stéatose, dans le second, cirrhose. Presque tous les buveurs présentent un certain degré de dégénérescence graisseuse du foie qui peut être compatible avec les apparences de la santé. Le foie est augmenté de volume et il en résulte une sensation de gêne dans le flanc droit.

Quand le foie a pris des proportions considérables par suite de l'accumulation de graisse, la scène change, les digestions de pénibles deviennent impossibles, le malade va toujours s'affaiblissant et on constate une décoloration de la peau qui devient cireuse et molle et quelquefois onctueuse au toucher. Les buveurs des pays chauds sont presque tous soumis à cette forme de maladie du foie.

Dans la cirrhose, maladie très fréquente, le foie prend un tout autre aspect, au début il est congestionné, son volume augmente, puis survient une période d'atrophie, la glande diminue considérablement de volume et prend une apparence granuleuse tout à fait caractéristique. Il en résulte que l'organe étant devenu complètement impropre aux fonctions qui lui sont dévolues, il survient une altération profonde de la nutrition dont la conséquence est un amaigrissement progressif et qui paraît d'autant plus considérable que le ventre, grâce à l'ascite que l'on observe habituellement domine tout à fait le tableau et fait un contraste piquant avec le visage émacié et les membres décharnés.

Ah ! le tableau est loin de présenter un aspect réjouissant ! Rien n'est triste à voir comme un malheureux hydropique, il semble bien que par un juste retour des choses humaines il soit puni par où il a péché. C'est ce qui explique ce dicton très répandu dans certains pays : Quand on a vécu dans le vin on meurt dans l'eau.

La cirrhose est une maladie dont l'issue est toujours ou presque toujours fatale, je dis presque toujours car plusieurs médecins et notamment le docteur Lancereaux, ont cité des cas de cirrhose confirmée, guéris par la suppression absolue de l'alcool, le régime lacté et l'iodure de potassium. Ces cas sont très rares. On trouve peu de buveurs disposés à renoncer à ce qui fait le charme de leur existence et à accepter en compensation une boisson aussi fade et aussi peu engageante que le lait. Pour être complet, je dois dire que souvent des tuberculeux devenus alcooliques ou des alcooliques devenus tuberculeux — car ces deux cas sont fréquemment observés — deviennent cirrhotiques. La cirrhose prend alors un caractère des ivrognes dégagent une odeur spéciale qui ne rend pas leur voisinage agréable pour beaucoup de gens.

A ce propos, il faut que je vous signale en passant un fait heureusement rare — je ne l'ai pour mon compte jamais observé — et qui a largement défrayé l'imagination des écrivains et la science des médecins. Je veux parler de la combustion spontanée. Ce phénomène dont les suites sont terribles, consiste en ce que les personnes adonnées à haut degré aux boissons alcooliques, prennent feu, soit spontanément, soit lorsqu'elles s'approchent d'une flamme quelconque, de manière à être consumées en très peu de temps : dans ce cas le corps brûle avec une flamme bleuâtre, peu vive, et qui, en général, s'active par l'eau. Tous les tissus réduits en cendre à l'exception de quelques pièces osseuses, ne laissent pour résidu qu'une matière grasse, fétide, une suie puante et pénétrante, un charbon onctueux et léger.

Cet accident n'a été observé que chez des individus d'un âge avancé, d'un grand embonpoint et dont les tissus étaient pour ainsi dire saturés d'alcool. Tout ceci paraît bien extraordinaire de prime abord et on serait tenté d'accueillir avec incrédulité le récit de pareils faits, si on ne les trouvait tout au long consignés dans des ouvrages sérieux et dignes de foi.

L'alcool s'éliminant, comme je viens de le dire, par le poumon, y détermine des lésions variées, depuis la congestion jusqu'à l'inflammation et aux tubercules.

La congestion est fréquente et entraîne souvent la mort des ivrognes, surtout quand à l'action de l'alcool vient s'ajouter celle du froid, il est impossible d'ouvrir un journal, pendant l'hiver, sans y trouver l'histoire d'un alcoolique mort de congestion pulmonaire. La pneumonie est encore très souvent la conséquence de l'imprégnation du tissu pulmonaire par l'alcool. La pneumonie si fréquemment observée chez les ivrognes est caractérisée par les complications nerveuses, la gravité de l'état général et la terminaison possible par suppuration du poumon.

Contrairement à une opinion qui eut longtemps cours dans

tout à fait spécial de malignité. Les malades avec leur air d'abattement, leurs lèvres sèches, leur langue rouge et collante, leurs traits tirés, leur peau chaude, prennent l'aspect de typhiques et succombent rapidement au milieu d'accidents multiples.

Pour en finir avec la cirrhose du foie, sachez qu'on l'a observée chez des enfants alcooliques non pas en France mais en Angleterre. La maladie évolue dans ces cas-là avec une rapidité très grande.

A côté de ces désorganisations profondes et irrémédiables du foie il faut placer une altération momentanée et aigüe des fonctions de cet organe. Je veux parler de l'ictère ou jaunisse qui survient quelquefois après une débauche bien caracrisée.

Passons à l'intestin. Ici on a signalé une surcharge graisseuse des membranes séreuses de l'abdomen, péritoine, mésentère, épiploon, surcharge graisseuse qui se généralise. La conséquence, vous la voyez d'ici sous l'aspect de gros hommes, au ventre proéminent, au menton à triple étage, aux joues retombantes, à l'œil éteint sous une paupière trop lourde, au teint blafard un peu cireux, on dit d'eux volontiers qu'ils ont une mauvaise graisse et vous n'êtes pas sans avoir vu en passsnt dans les rues de Paris, des marchands de vin qui reproduisent les principaux traits de ce portrait peu séduisant et dont on se demande comment ils peuvent tenir dans leur comptoir.

Le docteur Lancereaux signale chez les alcooliques une artérite qu'il a toujours vu siéger dans l'artère pulmonaire, maladie qui peut entraîner, de façon toute mécanique, la coagulation du sang, l'obstruction du vaisseau et la mort. C'est un accident des plus graves, comme vous voyez, et d'autant plus grave que rien ne permet de le soupçonner du vivant de celui qui en est menacé, car il ne présente qu'un peu de gêne respiratoire.

L'alcool, vous le savez, s'élimine en partie par la surface pulmonaire. Vous savez aussi que les produits de la respiration le public médical, la tuberculose est commune dans l'alcoolisme. Cela se conçoit aisément, l'alcoolisme conduit souvent à la paresse, la paresse à la misère, la misère à la déchéance physique; quand le terrain est bien préparé, le bacille n'a qu'à venir et à pulluler. Il n'est pas nécessaire qu'il en soit toujours ainsi, l'alcool en s'éliminant par le poumon y détermine une irritation qui en fait un milieu dont la résistance est atténuée. Que l'alcoolique soit placé, comme il arrive trop souvent, dans les conditions où la contagion s'exerce avec activité et il ne tarde pas à se tuberculiser. La tuberculose peut présenter deux formes, chronique ou aiguë. Je vous disais l'autre jour que l'alcool était donné à petites doses aux tuberculeux comme médicament d'épargne. Je ne m'élève pas contre cette pratique dont je ne suis pas un partisan bien chaud, mais j'ai de la peine à comprendre que les médecins aient eu à batailler longtemps pour réfuter cette idée singulière à savoir que l'usage exclusif de l'alcool préservait de la tuberculisation. Ah les préjugés ont la vie dure, et c'est d'eux surtout qu'on pourrait dire qu'il est des morts qu'il faut qu'ón tue !

En cherchant une explication à cette erreur tenace et singulière, je ne trouve que celle-ci et je vous la donne pour ce qu'elle vaut : l'alcool absorbé avec excès amenait la mort par les accidents que vous connaissez déjà et ne laissait pas à ses victimes le temps de se tuberculiser.

Nous arrivons aux lésions du cœur et du système artériel. Pour le cœur, on a signalé la surcharge graisseuse de sa base et de ses parois, altérations des plus graves qui amènent des désordres sérieux dans les fonctions de l'organe et conduisent à la mort subite.

Magnus Huss a signalé il y a longtemps l'athérome ou ossification de l'aorte thoracique et des artères cérébrales chez les buveurs.

En s'éliminant par le rein, l'alcool y détermine des lésions qui amènent la dégénérescence granuleuse ou la dégénérescence graisseuse. Dans les deux cas il y a production de la maladie de Brigt ou albuminurie.

C'est encore l'action de l'alcool qui en dilatant les petits vaisseaux de la peau et leur faisant perdre leur élasticité, produit la coloration violacée de la face et de l'appendice nasal. Les glandes de la peau, glandes sudoripares et glandes sébacées, subissent aussi de par l'alcool la dégénérescence granulo-graisseuse, elles finissent par s'enflammer et constituent alors l'acné rosacea ou couperose. Mais je n'insiste pas, ce sont des choses connues de tous et dont le diagnostic est à la portée de tout le monde, que l'on peut faire, c'est le cas de le dire, à vue de nez.

Un fait important à signaler, c'est la susceptibilité particulière des alcooliques en face d'un traumatisme quelconque, blessure ou opération. Il en est de l'alcoolique comme du diabétique auquel les chirurgiens malgré leur audace décuplée par la sécurité que donnent les méthodes antiseptiques n'osent toucher qu'en tremblant. Il semble qu'il y ait chez les alcooliques une vieillesse prématurée qui s'oppose à la réparation du traumatisme et les petites opérations deviennent quelquefois très graves chez ces individus.

Pendant vingt ans de pratique médicale, j'ai eu le triste privilège d'observer huit cas de tétanos. C'est beaucoup, si l'on considère l'extrême rareté de cette maladie si douloureuse et si effrayante dans ses manifestations. Si de ces huit cas j'en élimine un qui se termina par la guérison et concernait d'ailleurs une jeune fille, il en reste sept, et sur ces sept, cinq dans lesquels l'alcoolisme jouait un rôle évident et devait être incriminé.

Dans ces cinq cas, la maladie avait éclaté soit sous l'influence du froid et après un accès d'ivrognerie, soit chez des blessés manifestement alcooliques.

Les accidents multiples dont je viens de faire la description un peu intentionnellement abrégée sont des plus graves, comme vous le voyez, mais quels que graves qu'ils soient, ils ne frappent pas autant qu'il serait nécessaire l'imagination du malade et de ceux qui l'entourent. La cause qui les produit est toujours discutable, il n'est pas douteux que toutes les maladies que je viens de vous décrire, toutes sans exception, peuvent tenir à d'autres causes qui, je le reconnais, interviennent parfois en même temps et au même titre que l'alcoolisme.

De cette constatation à la conviction que si le médecin ne se trompe pas tout-à-fait il exagère avec intention, la distance est vite franchie, le malade écoute d'une oreille distraite et ennuyée les dissertations médicales destinées à lui ouvrir les yeux et qu'il considère comme des sermons ennuyeux. Son entourage, le plus souvent, n'est pas éloigné de penser comme lui et le malade se sentant soutenu, ne tarde pas à retomber dans des habitudes pernicieuses un instant supprimées. Le médecin découragé, comptait sur une conversion sincère, sur une guérison définitive toujours possible au début de ces accidents, et c'est seulement une halte dans l'évolution d'une maladie qui ne tardera pas à reparaître et à s'affirmer.

Quelquefois les choses se passent autrement. Le malade, soit parce qu'il est plus sincère, soit qu'en vertu d'habitudes intellectuelles il ait appris à descendre dans son for intérieur pour s'observer et s'analyser, reconnaît le bien fondé des objurgations de son médecin, il semble donc qu'il ne lui reste qu'un petit effort à faire pour les mettre en pratique, mais voilà la difficulté, ce petit effort, il en est incapable.

Ses habitudes alcooliques, anciennes parfois, ont détruit chez lui toute énergie, tout ressort, il est incapable d'un acte de volonté suivie, il est devenu tout-à-fait comparable à ces ouvriers de certains ateliers de Rouen que je vous montrais dans ma première conférence si faciles à entrainer et que leur patron ne peut pas envoyer travailler en ville parce qu'ils en profitent pour entrer dans chaque cabaret. A ces malades, il faudrait une surveillance sévère, rigoureuse, de tous les instants, ils pourraient guérir alors, mais on sent fort bien qu'une pareille surveillance est impossible dans le milieu de la famille. Chez quelques-uns, c'est une autre chanson. La vie n'a pour eux que le charme qu'ils trouvent à boire et leur horizon de bonheur ne dépasse pas la boutique du marchand de vin. Ils s'écrieraient volontiers en parlant de la vie, qu'il la leur faut courte et bonne. Ils seront servis à souhait,

Les accidents nerveux dus à l'alcoolisme et dont la description remplira la seconde moitié de cette conférence font une impression plus vive, plus profonde, sur le malade et sur les personnes de sa famille.

Ici on ne rencontre pas de doute exprimé sur l'origine des accidents. Tout le monde est d'accord pour les imputer à l'alcoolisme. Cet accord se fait d'autant plus facilement que l'on sent nettement qu'il est préférable que les troubles mentaux soient sous la dépendance de l'alcool, parce qu'alors on pourra les voir guérir tout en esquivant le séjour dans une maison de santé. Je dois dire que je m'explique pas cet éloignement qu'on observe dans presque toutes les familles pour les établissements consacrés au traitement des différents délires, il semble qu'on soit discrédité à jamais quand on en a franchi le seuil et que ce discrédit doive rejaillir sur les parents du malheureux aliéné sans qu'ils puissent y échapper. L'aliénation mentale est une maladie comme une autre qui n'a rien d'infamant et combien je trouve plus humain, plus clairvoyant, les peuples musulmans qui professent une sorte de respect attendri et religieux pour celui dont l'intelligence a sombré. C'est encore un préjugé et des plus tenaces, et le point de vue où l'on se place ne se modifiera qu'avec un changement dans nos mœurs. Nous en sommes encore loin.

Les accidents produits par l'action directe de l'alcool sur le cerveau doivent être rangés dans trois catégories différentes, suivant qu'ils affectent le mouvement, la sensibilité ou l'intelligence.

Les troubles du mouvement ou de la mobilité consistent en tremblements, spasmes, soubresauts des tendons, crampes. Le tremblement qui a quelque chose de frappant et de caractéristique est un des phénomènes les plus habituels et les plus précoces de l'alcoolisme. Il apparaît habituellement dès le matin, au saut du lit, et il est alors si accusé qu'il empêche tous les mouvements de précision, comme l'action d'écrire ou de coudre. Il disparaît habituellement au bout de quelques heures soit spontanément, soit après des libations nouvelles, pour apparaître le lendemain non pas corrigé, mais revu et augmenté.

Ces troubles, si l'alcoolique ne s'arrête pas dans la voie où il est engagé, vont toujours en augmentant jusqu'à l'affaiblissement musculaire, jusqu'à la parésie, et même jusqu'à la paralysie absolue.

Les paralysies alcooliques ont été étudiées avec le plus grand soin depuis quelques années. Ces paralysies qui peuvent être très douloureuses, portent surtout sur les muscles extenseurs des pieds et des mains et sont précédées des symptômes suivants : picotement, chaleur, sensation de brûlures. La faiblesse va toujours s'accentuant et bientôt le malade est un véritable infirme qui en arrive à ne plus pouvoir manger seul.

Cette paralysie alcoolique se manifeste encore par une démarche tout-à-fait caractéristique et que Charcot désigne sous le nom de steppage.

Dans ce cas-là, le malade lève très haut la cuisse en marchant, pour éviter que son pied qui est tombant et flasque ne traîne sur le sol. Il en résulte qu'au moment où il pose le pied à terre, celui-ci frappe d'abord le sol par sa pointe, puis par son talon. De ce double choc résultent deux bruits distincts, faciles à percevoir et qui donnent à la démarche quelque chose de spécial.

La paralysie alcoolique s'observe plus souvent chez les femmes que chez les hommes. Il n'est pas rare de voir dans un ménage où le mari et la femme s'alcoolisent avec les mêmes substances, l'un présenter une maladie de l'estomac ou du foie et l'autre des phénomènes paralytiques.

Les troubles de la sensibilité s'observent dès le début de l'intoxication alcoolique, ils consistent alors en picotements ou en engourdissements. Presque toujours surviennent des fourmillements qui se font sentir aux mains et aux pieds, d'abord intermittents, ils deviennent continus et s'accompagnent d'une telle exagération de la sensibilité que certains malades sont dans l'impossibilité de revêtir des bas et des chaussures, et se voient obligés de garder le lit. Plus tard, ce sont des maux de tête violents, des vertiges, des troubles du sommeil. Si l'ivrogne parvient à dormir, il fait des rêves pénibles, il est éveillé par des cauchemars, des visions effrayantes, le matin, il se lève épuisé et presque incapable de se mouvoir.

Les sens spéciaux subissent aussi des modifications notables. Ce sont d'abord des mouches volantes, des lueurs qui apparaissent momentanément. Ces troubles deviennent permanents, et à la période terminale surviennent des altérations graves du nerf optique et la cécité. Ajoutons enfin que souvent — même chez l'homme — l'hystérie, cette grande névrose aux formes multiples et déconcertantes, vient compliquer l'alcoolisme.

Les troubles de l'intelligence constituent certainement la phase la plus curieuse et la plus intéressante de l'alcoolisme. Je parle ici en médecin, en observateur captivé par l'intérêt qui se dégage de phénomènes qui se passent sous ses yeux. Le moraliste, le philosophe, ne peuvent pas ressentir cette même impression, ce qu'ils éprouvent, c'est un sentiment de tristesse en voyant à quel point de dégradation, d'abjection, des excès qu'il serait facile d'éviter peuvent conduire une créature humaine douée de l'intelligence, ce don précieux qui en fait un être supérieur et à part dans le monde vivant et qui est comme une émanation de la Divinité

La plupart des états d'aliénation mentale peuvent se rencontrer dans l'alcoolisme, depuis l'ivresse, perte incomplète et momentanée de la raison, jusqu'à la démence simple et la démence paralytique.

A chacun de ces états d'aliénation, l'alcoolisme imprime des caractères spéciaux qui permettent de décrire : 1° l'ivresse ; 2° les folies alcooliques aigües avec leurs variétés subaigue et suraigue ; 3° la démence alcoolique simple ; 4° la pseudo-paralysie générale alcoolique. J'emprunte cette division avec la plupart des détails qui vont suivre à l'excellent traité de médecine mentale du docteur Régis, et j'y joindrai la description d'un état mental particulier que les auteurs ont rattaché à d'autres formes d'aliénation, mais qui me paraît nettement caractérisé par l'expression de dipsomanie, ce qui veut dire manie de boire, et lui assigne une place dans cette énumération.

5

L'ivresse comprend trois périodes distinctes. La première est la période d'excitation, elle est caractérisée par l'animation du visage et du regard, un accroissement du pouls, mais sur-tout par un sentiment général de bien-être avec loquacité et tendances expansives. Ceux qui ont, comme on le dit, le vin gai sont à ce moments étourdissants de verve, d'entrain, de gaieté, de mouvement; ils ont de l'esprit, ils font des mots ; ceux qui ont le vin triste sont déprimés, font la confidence de leurs malheurs, pleurent et se lamentent sans motif, certains deviennent bienveillants, tendres, affectueux, d'autres se mon-trent irrascibles, se fâchent pour un rien et ont une tendance marquée à se quereller et à se battre. Ils ont le vin mauvais, A ce degré, l'homme ivre possède encore une demi-conscience et la faculté de se contenir dans une certaine mesure. Mais déjà il existe chez lui une sorte d'anesthésie morale, il ne s'étonne plus de rien. D'un homme ivre, fut-il le meilleur du monde et le plus doux, le plus conciliant dans les circonstances ordinaires de la vie, il n'est point d'acte coupable auquel on ne puisse s'attendre.

C'est à cette première période que l'on observe des coléres terribles que rien ne faisait prévoir et qui peuvent entraîner des conséquences fatales. On en trouve dans l'histoire plus d'un exemple célèbre et notamment celui-ci : Alexandre-le-Grand, le vainqueur de l'Asie, le plus illustre conquérant des temps anciens, l'élève chéri et le protecteur d'Aristote, lui pourtant si magnanime, assassina dans un accès d'ivresse, pour une parole imprudente prononcée au milieu d'un festin, Clitus, son meilleur ami, qui lui avait sauvé la vie au Granique et, dans une autre circonstance, il tua de sa propre main le philosophe Callistène qui n'avait pas voulu se prosterner devant lui.

La deuxième période ou période ébrieuse, se caractérise par des troubles plus marqués. Il n'y a plus seulement exaltation mais encore perturbation de l'intelligence, les idées sont confu-ses, sans suite, mobiles à l'excès, le langage est incohérent, décousu, la langue épaisse, la parole embarassée, la démarche vacillante et la sensibilité très obtuse. Comme je l'ai observé bien des fois, les ivrognes arrivés à cette période peuvent rece-

voir des coups sans en avoir conscience et on peut pratiquer
sur eux de petites opérations parfois très douloureuses, des
sutures de plaies, par exemple, sans l'aide d'un anesthésique.
J'ai lu dans un ouvrage de médecine qu'un malheureux qui
avait bu pour engourdir ses chagrins, rentré chez lui en état
d'ivresse, s'était donné un coup de couteau dans le ventre. Par
l'ouverture faite, la masse intestinale était sortie toute entière,
ce qui n'avait pas empêché le blessé de dormir d'un bon somme
au dire de ses camarades voisins qui l'avaient entendu ronfler
toute la nuit. Dormir à poings fermés le ventre ouvert, n'est-ce
pas le comble de l'ivrognerie ! On le trouva le lendemain matin
sans parole et presque sans vie et, transporté à l'hôpital où
l'on réussit non sans peine à faire rentrer dans la cavité abdo-
minale cette masse herniée, il ne tarda pas à succomber.

La troisième période est la période comateuse. Elle se caractérise par un sommeil long et profond pendant lequel l'individu
est anéanti, inerte et complètement inconscient. Au réveil, il
existe des malaises généraux plus ou moins accusés, un sentiment de lassitude pénible, une soif fébrile, une sécheresse très
grande de la bouche et surtout une migraine violente.

Les journaux se sont occupés ces jours derniers, d'un ivrogne de marque qui est mort subitement à Naples après avoir
absorbé en une séance, une quantité fabuleuse de liquides
alcooliques. C'était un anglais deux fois millionnaire, nommé
Charles Stuart Gonningham et son testament a donné lieu à un
procès qui a fait connaître certains détails qui donnent une
fière idée de la capacité d'estomac de quelques anglo-saxons.

Dès le matin, avant de se mettre à table, cet intrépide buveur
absorbait trois bouteilles de champagne, une bouteille de visc-
ky, quatre absinthes, deux verres de kirsch et deux verres de
rhum ! Histoire de se mettre en appétit. Quand il avait bu de
la sorte, il commettait mille extravagances, et avait fini par
passer sa journée au lit à vider des bouteilles. Il en est mort,
son oraison funèbre n'a pas dû prendre beaucoup de temps, et
force nous est bien de reconnaître qu'il ne méritait pas mieux.

La folie alcoolique peut se présenter sous la forme maniaque ou sous la forme mélancolique et, au point de vue de l'in-

tensité, on distingue trois degrés différents : l'accès subaigu, l'accès aigu et l'accès suraigu.

L'accès de folie alcoolique peut survenir soit à la suite de copieux excès, soit coïncider avec la suppression brusque de l'excitant habituel. Quelquefois il survient à la suite d'un choc moral ou physique ou dans le cours d'une maladie, comme la pneumonie, ou à la suite d'une opération chirurgicale.

L'accès de folie subaigue affecte habituellement la forme mélancolique et débute en général par l'altération du sommeil qui devient pénible et troublé par des rêves. Les rêves des alcooliques sont des rêves d'action qui ont trait aux choses de la profession, aux événements du jour, à des péripéties dramatiques dans lesquelles les hallucinations de la vue jouent un rôle prépondérant. Il vient un moment où ces rêves se prolongent pendant le jour et c'est cette prolongation du rêve pendant la veille qui constitue le délire alcoolique. Le délire continue les idées écloses pendant le rêve, ce sont les mêmes tableaux fantastiques, les mêmes épisodes poignants, les mêmes avantures sinistres, les mêmes scènes tumultueuses et mouvementées. Dans le délire alcoolique, comme dans le rêve, les hallucinations visuelles prennent un caractère terrifiant et consistent surtout en visions d'animaux. Les hallucinations auditives se réduisent d'habitude à des impressions un peu confuses, à des bruits de pas et de coups, à des cris étouffés, à des interjections.

D'autre part, l'alcoolique est en mouvement incessant pendant toute la durée de sa crise, ses récits sont interminables, composés de phrases saccadées sans lien logique. Des faits, des affirmations, pas de réfléxion. Cela est parce que cela est, le malade ne sort pas de là.

A ces symptômes psychiques auxquels il faut ajouter la tendance au suicide qui est assez fréquente, se joignent les symptômes physiques habituels de l'alcoolisme, tels que tremblement généralisé, crampes, fourmillements, etc.

L'accès subaigu de folie alcoolique présente une durée assez courte au moins quand le malade cesse de boire. De même que la perte du sommeil avait marqué l'invasion de l'accès, de même son retour indique sa terminaison.

L'accès aigu survient dans les mêmes conditions que l'accès subaigu et se manifeste sous la forme mélancolique et plus fréquemment sous la forme maniaque.

Dans la forme mélancolique, l'accès aigu ne diffère de l'accès subaigu que par un degré plus élevé d'intensité. Ce sont les mêmes phénomènes de début mais l'insomnie est plus complète, les hallucinations sont plus terrifiantes, les malades se croient entourés d'ennemis, d'animaux féroces, de flammes, de cadavres et fuient épouvantés en proie à une terreur indicible. On observe un véritable délire de persécution. L'alcoolique se croit plein de vers, pourri, sans estomac, sans tête, il est mort, on se moque de lui, ses amis et sa femme le trompent, on cherche à l'empoisonner, des gens à mines suspectes le suivent dans les rues — ils sont là, vous ne les voyez pas, — on veut se débarrasser de lui, on l'accuse de vol, d'assassinat, de tous les crimes — vous n'avez pas entendu l'injure qu'on vient de me lancer au visage, — on monte chez lui pour l'arrêter, le fusiller, etc., etc.

La tendance au suicide est à peu près constante et le plus souvent elle se manifeste sous forme d'une tentative subite et non préméditée.

La forme maniaque de l'accès aigu n'est autre chose que ce l'on désigne communément sous le nom de delirium tremens.

Elle débute par de l'insomnie, de l'incohérence dans les idées et des phénomènes généraux divers. Bientôt l'excitation apparaît et elle s'accroît rapidement. La face est rouge, congestionnée, les yeux brillants, le pouls fréquent, la température élevée, la peau brûlante, couverte de sueur, la soif très vive. Les hallucinations et les illusions surviennent. Alors les malades prennent une fenêtre pour une porte, un objet pour un animal, un meuble pour une personne, ils trouvent un goût et une odeur toute autre aux choses qu'ils mangent et qu'ils boivent et ils ont des visions fantastiques, surtout d'animaux. En peu de temps l'agitation est à son comble, l'alcoolique crie, vocifère, marche et court sans s'arrêter. Le tremblement est tellement intense et tellement généralisé qu'il a donné son nom à cette variété de folie alcoolique. Le corps tout entier es¹ en vibration et il est facile de s'en assurer en posant les mains sur les épaules du malade. Les mains et les bras sont agités d'un mouvement étendu et incoercible; la tête toute entière oscille ostensiblement, la langue est tellement tremblante qu'elle est tirée convulsivement hors de la bouche, le tremblement s'étend quelquefois aux lèvres et aux muscles vocaux de façon à déterminer un embarras de la parole.

La guérison est la terminaison habituelle de l'accès de delirium tremens, elle se produit assez rapidement dans l'espace de huit à quinze jours, sous l'influence de la suppression de l'alcool. Elle coïncide avec le retour du sommeil.

Dans la folie alcoolique suraiguë, l'accès atteint son degré d'acuité le plus élevé. S'il s'agit de la forme mélancolique, le malade est plongé dans une véritable stupeur, immobile, hébété, incapable de répondre et d'agir, le visage terrifié, les yeux hagards, il semble qu'il assiste à des spectacles horribles, dont la vue le méduse et il ne sort de cet anéantissement que pour exécuter brusquement une tentative de suicide. Cet accès de stupeur guérit habituellement en laissant après lui de l'hébétude et de l'obtusion intellectuelle.

Dans la forme maniaque l'accès suraigu est caractérisé par une agitation qui atteint le summum d'intensité et se termine par des symptômes thyphiques, des sueurs profuses, des soubresauts des tendons, des convulsions et la mort qui survient alors, soit à la suite d'une syncope, soit dans le coma.

C'est ainsi, je crois, qu'Emile Zola fait mourir Coupeau dans son roman de *l'Assommoir*, et sa description parfaitement exacte est d'un réalisme navrant et brutal.

Lorsque ce roman fut porté à la scène, l'acteur Gil Naza chargé du rôle de Coupeau, voulant étudier les allures de l'alcoolique dans son véritable milieu afin d'entrer — comme on le dit en argot de théâtre — dans la peau du bonhomme, se rendait dans un assommoir célèbre de la rue des Anglais fréquenté par un public voué à tous les excès alcooliques. Je me suis laissé dire que cette fréquentation lui fut fatale et que, gagné par la contagion, il devint alcoolique à son tour.

Là démence alcoolique que l'on observe quelquefois comme

dernier terme de l'alcoolisme chronique est caractérisée par une déchéance progressive de l'individu, tant au point de vue intellectuel et moral qu'au point de vue physique. Dans ce dernier cas, le tremblement, la dyspnée, l'aphonie, les convulsions épileptiformes, l'empâtement de la langue, l'affaiblissement musculaire, la dégénérescence graisseuse, les troubles digestifs et circulatoires, la congestion du foie, sont les principaux symptômes.

Quant à l'affaiblissement intellectuel, il survient lentement et se manifeste comme tous les états de démence par la diminution progressive de la mémoire, des facultés, ainsi que par l'indifférence et la perte des sentiments et des affections. Ce qui caractérise cette démence c'est l'insomnie et les hallucinations. De dégradation en dégradation les malades arrivent à l'état gâteux et finissent dans le marasme, emportés le plus souvent par une attaque apoplectique.

Jusqu'à ces dernières années, l'alcoolisme avait été considéré comme une des causes les plus importantes et les plus plus fréquentes de la paralysie générale des aliénés. Aujourd'hui on reconnaît et on admet qu'il existe une pseudo-paralysie générale alcoolique qui présente toute la symptomatologie de l'autre, mais qui en diffère surtout en ce que les accidents au lieu d'être progressifs sont regressifs et curables sous l'influence du repos et la privation des boissons alcooliques.

Cette pseudo-paralysie générale alcoolique survient constamment chez des cérébraux alcooliques avérés et débute alors soit par des attaques apoplectiformes et surtout épileptiformes soit à la suite d'un accès subaigu d'alcoolisme. Les symptômes qui lui sont propres sont des accidents paralytiques locaux, l'hémiplégie permanente — paralysie d'une moitié du corps — et l'aphasie — abolition du langage articulé.

Il y a aussi de l'inégalité pupillaire et une diminution notable de l'acuité visuelle.

Du côté intellectuel, c'est une obtusion intellectuelle, une hébétude quelquefois poussées à l'extrême, en un mot, un véritable abrutissement. Lorsque la mort survient, c'est en état de gâtisme complet, mais je vous ai dit qu'il y avait des chances assez nombreuses de guérison.

Pour en avoir fini avec cette revue rapide des accidents nerveux imputables à l'alcoolisme, il me reste à vous parler d'une maladie mentale très intéressante, qualifiée par l'expression de dipsomanie, qui veut dire tendance irrésistible à l'abus des liqueurs alcooliques.

Les dipsomanes sont des dégénérés d'une nature particulière, fils d'alcooliques, le plus souvent, qui peuvent dans l'intervalle de leurs accès, tenir convenablement leur place dans la société et donner l'illusion d'hommes bien équilibrés, bien pondérés, jusqu'au jour où, sous l'influence d'excès répétés, ils tombent et présentent alors une des formes de folie alcoolique que je viens de décrire.

Un exemple me fera mieux comprendre que tous les développements que je pourrai donner à cette définition. Je n'ai d'ailleurs que l'embarras du choix. Celui-ci est assez typique et s'abrite derrière l'autorité d'un homme qui fut un grand savant, un grand hygiéniste et un homme de bien. Le professeur Bouchardat raconte que pendant son séjour à l'Hôtel-Dieu, il y a une quarantaine d'années, il avait remarqué parmi les malades, un homme à figure honnête, sérieuse, intelligente, il était dans la salle depuis un mois. La religieuse le considérait comme le meilleur de tous ceux qu'elle assistait. Sur sa recommandation il fut pris au service de la salle.

Pendant six mois on découvrait chaque jour en lui des qualités nouvelles. Esclave du devoir, d'humeur égale, bon toujours et pour tous, d'une instruction au-dessus de sa condition, d'une adresse merveilleuse. C'était un ouvrier appareilleur des plus habiles.

Comment, avec un état qui pouvait lui assurer d'aussi bonnes journées, était-il entré malade à l'Hôtel-Dieu ? Depuis six mois il n'avait pas demandé une seule heure de sortie. D'une sobriété admirable, jamais au matin il n'allait avec ses camarades boire le petit verre. Tout va bientôt s'expliquer. Un jour il cède à une de ces invitations ; il ne revient point à son service et ne rentre que fort tard dans la soirée, dans un état complet d'ivresse.

Le lendemain il a l'air hébété, la figure altérée ; on lui fait quelques douces remontrances, on l'engage à ne plus sortir et à reprendre son service. Il est sourd à toutes les observations, il veut absolument sortir ; son devoir, sa place, tout lui est indifférent ; il ne tient qu'à une chose, retourner au cabaret où il est attiré par une invincible attraction.

Le soir, il ne revint plus, et on apprit que pendant plus de quinze jours, ivre le lendemain des libations de la veille, il ne se réveillait que pour boire. « A quelque temps de là, dit Bouchardat, j'aperçus la victime de cette cruelle folie et je fus saisi de pitié. Je ne sais quelle a été la fin qui a du être déplorable d'un homme bien doué sous tant de rapports. Je me suis souvent reproché de ne l'avoir pas traité comme un malade aliéné, quand il revint le premier jour et de ne lui avoir pas fait mettre la camisole de force jusqu'au retour de la raison. Mais à cette époque, je ne connaissais pas cette forme de dipsomanie, dans laquelle l'ivresse se continue en ne vous laissant dans l'âme que l'envie de boire. »

J'ai eu l'occasion d'observer pendant plusieurs années dans ma clientèle, un malheureux malade qui présentait un type achevé de dipsomanie. C'était un jeune homme de bonne famille, riche, bien portant, bien fait de sa personne, aux traits assez fins, à la voix douce et inspirant une certaine sympathie. Il était fils d'alcoolique, et son père était mort jeune, succombant à des accès alcooliques, lui-même ayant eu tout enfant ce funeste exemple sous les yeux, avait commencé de bonne heure à s'alcooliser. Obligé de passer par le régiment, il en avait gardé un souvenir terrifiant, se livrant sans retenue à des excès de boisson, il n'avait rencontré aucun ménagement, aucune pitié chez des chefs qui se refusaient à voir en lui un malade pour ne considérer que l'indiscipliné et le fauteur de mauvais exemples.

Rentré dans la vie civile, son instruction demeurée rudimentaire et la fréquence de ses accès de dipsomanie le rendaient incapable d'une fonction quelconque d'une occupation suivie.

Vivant dans le désœuvrement, tous les jours moins en état de se gouverner, on avait dû le munir d'un conseil judiciaire.

C'était sa situation quand je le connus. Il me parut bon, timide, d'intelligence amoindrie. Quand il était dans une période de sobriété, il était très doux, obéissant et avait tous les dehors d'un homme bien élevé. Quand il retombait dans ses accès de dipsomanie qui étaient toujours d'assez longue durée, le tableau changeait de face, alors il devenait excité, injurieux, méchant, batailleur et bavard à l'excès.

Je m'intéressais à lui et j'avais réussi à prendre quelque influence sur cet esprit troublé. Je tâchai de le persuader qu'il pouvait guérir complètement grâce à un effort de volonté un peu prolongé. Je faisais miroiter à ses yeux la possibilité de fonder un foyer, de connaître les joies si pures, si moralisatrices de la famille, de reprendre dans la société la place que sa fortune lui permettait d'ambitionner et de se débarrasser de la foule de parasites qui vivaient à ses crochets. J'en ai été pour mes frais d'éloquence, je l'ai perdu de vue, mais je suis bien sûr qu'il n'échappera pas à sa destinée.

Ces malades ne peuvent guérir que soumis à un régime sévère et à une surveillance rigoureuse. C'est surtout dans ce but et pour eux qu'ont été institués ces asiles pour ivrognes, moitié hôpitaux, moitié maisons de famille, que nous n'avons pas encore en France, mais qui existent en assez grand nombre en Angleterre et aux Etats-Unis.

J'en ai fini pour aujourd'hui avec cette description qui a dû vous sembler un peu longue, un peu fastidieuse, des accidents que produit l'alcoolisme. Et cependant je n'ai pas tout dit, il me reste encore à vous parler de l'hérédo-alcoolisme, c'est-à-dire des conséquences morbides de l'hérédité alcoolique. Ce sera pour la prochaine conférence.

Quand on s'est livré à une étude semblable, il semble qu'on sorte d'un mauvais rêve, d'un cauchemar, qu'on revienne d'un pays maudit où il n'est question que de souffrances atroces et de misères sans nom.

Et alors on serait tenté de croire que c'est en prévision de l'alcoolique qu'a été conçue à l'aurore du polythéisme grec cette poétique et instructive légende qui nous montre Pandore là femme idéale, douée de tous les dons par les dieux et recevant des mains de Jupiter une boîte contenant tous les maux. Elle épousa Epiméthée et il faut croire que les hommes — quoi qu'on en dise — sont plus curieux que les femmes, car il ouvrit la boîte et tous les maux fondirent sur l'humanité, l'espérance seule resta au fond.

L'alcoolique — et ici nous sortons de la légende pour rentrer dans la réalité triste — plie en effet sous le poids des maux qu'il a voulus et qui l'accablent, mais il lui reste l'espérance, qu'il sache vouloir, vouloir avec suite, avec énergie et le plus souvent il renaîtra à la santé et à la vie.

C'est sur cette affirmation consolante que je veux rester aujourd'hui.

QUATRIÈME CONFÉRENCE

Hérédo-alcoolisme. — Conséquences sociales de l'alcoolisme. — Marche ascendante de l'alcoolisme en France et dans les divers pays d'Europe.

Messieurs,

Je me suis attaché, dans ma dernière conférence, à vous faire un exposé aussi clair que possible des accidents morbides, graves toujours, terribles parfois, qui sont la conséquence des excès alcooliques. Tous les détails que je vous ai donnés sont rigoureusement exacts ; ceux qui ne sont pas tirés de mon propre fonds ont été puisés aux sources les meilleures, et j'ai évité avec le plus grand soin de tomber dans l'exagération.

En revoyant les pages consacrées à cet exposé, j'ai constaté avec un certain découragement combien j'étais resté au-dessous de la tâche difficile que j'avais assumée et il m'est venu la crainte de n'avoir pas fait sur vos esprits une impression suffisante, de n'avoir pas réussi à faire passer dans vos âmes une partie de l'ardente conviction qui m'anime. A la réflexion, cependant, je reprends un peu d'assurance; je considère, d'une part, que vous mè prêtez une attention flatteuse et soutenue, que vous me faites l'honneur de suivre fidèlement et régulièrement ces causeries, que vous y mettez toute la bonne volonté et toute la complaisance désirables, que vous êtes, en un mot, dans cet état d'esprit qui permet à l'auditeur de compléter la pensée un peu rapide et confuse du conférencier et de tirer des idées qu'il expose, les conséquences et les déductions qu'elles comportent.

Je sais, d'autre part, que je parle à des convertis ; il en est ici comme à l'Eglise, ceux-là seuls vont au pied des autels qui croient et n'hésitent pas à affirmer hautement la sincérité de leur foi. Je suis donc tenté de voir en vous non pas seulement des auditeurs bénévoles et indulgents, mais encore des collaborateurs tout disposés à entrer dans mes vues, à les seconder pour accomplir une œuvre de haute moralisation et de défense sociale.

Je ne vous demande pas de partir en campagne contre l'alcoolisme, flamberge au vent ; ce don-quichottisme n'est plus de notre temps et il faut toujours se garder du ridicule, mais il est une foule de moyens de faire autour de soi une propagande discrète et utile.

On peut prêcher d'exemple, d'abord, ce qui est le mode d'éloquence le plus convaincant et le plus à la portée de tous ; on peut faire à propos une observation juste, donner un bon conseil qui, quelquefois, est bien accueilli, si on a su choisir le bon moment.

De quoi s'agit-il, en effet ? Il s'agit, le plus souvent, d'ouvrir les yeux à de pauvres malheureux, aveuglés par les mauvais exemples reçus et victimes d'idées fausses qu'on leur a inculquées.

Dans tout ce que j'ai pu dire jusqu'ici, et dans tout ce que j'aurai à vous dire encore, j'espère que vous voudrez bien considérer que je ne suis pas guidé par un vulgaire esprit de dénigrement ou par un goût de critique facile, mais que je suis conduit par un sentiment plus humain, plus médical, plus élevé, celui d'une profonde pitié envers les malheureuses victimes de cette funeste passion.

L'alcoolique, si nous le considérons dans la classe si nombreuse et si digne d'intérêt des travailleurs, s'alcoolise souvent parce qu'il ne peut pas faire autrement.

L'ouvrier manque de distractions intelligentes et à la portée de sa bourse, il va les chercher au cabaret ; il ne trouve pas toujours chez lui le bien-être et le calme qui lui permettraient de prendre un repos bien mérité, c'est encore au cabaret qu'il va se consoler ; son maigre salaire, les exigences de sa famille, souvent nombreuse, ne lui permettent pas une alimentation saine et réparatrice, il demande à l'alcool ce supplément de nourriture qui lui fait défaut et dont l'alcool ne lui donne que la trompeuse apparence. Il est, en outre, dominé par le préjugé tenace qui veut que l'alcool soit le seul, le vrai, le providentiel stimulant. Pour ces raisons et pour beaucoup d'autres que j'ai indiquées ailleurs ou qu'il faut rechercher, car le problème se présente sous des aspects multiples, si le travailleur s'alcoolise, ce n'est pas toujours sa faute, ayons le courage de le reconnaître et la franchise de dire que la société n'a pas, jusqu'ici, fait tout ce qu'elle devait pour lui éviter cet écueil.

Jamais, cependant, le péril ne fut plus pressant, plus imminent, et j'ose espérer que les faits, les chiffres et les arguments que j'aurai à produire dans le cours de cette conférence, ne vous permettront pas d'élever de doute à cet égard.

Le buveur, nous l'avons vu, est profondément atteint dans son organisme, qui est affecté tout entier. Tout sombre ou risque de sombrer chez lui : santé et intelligence. A trente ans, il n'a déjà plus la vivacité, l'ardeur, qui sont le privilège de cet âge heureux ; à quarante ans, son énergie diminue ; à cinquante ans, c'est déjà un vieillard, il en a toute l'apparence extérieure, ses forces déclinent rapidement ; s'il n'est pas tombé à la charge des siens ou de la collectivité, il ne produit pas beaucoup de travail effectif ; c'est presque une bouche inutile, un parasite et une charge dans une société bien organisée. Il est donc la première victime de l'alcool, mais, à son tour, l'alcoolique fait de nombreuses victimes dans sa descendance.

Ces descendants, doués encore d'une résistance moindre, frappent, à leur tour, de déchéance leurs héritiers, surtout lorsqu'ils deviennent eux aussi des alcooliques, ce qui arrive souvent, car il semble qu'il y ait là une sorte de prédestination.

La maladie initiale a donc des répercussions nombreuses ; la santé publique, la moralité générale, le bien-être de la nation, s'en ressentent vivement, et c'est ainsi qu'un mal local, isolé d'abord, se transforme en une calamité publique. Rien n'est plus instructif, à cet égard, que l'histoire de cette famille d'alcooliques observée par un médecin de Bonn, dont je vous ai parlé dans ma première conférence, et qui peut être considérée comme le type le plus lamentable de la famille vouée à l'alcoolisme héréditaire.

Pour se rendre bien compte des ravages que peut produire l'hérédo-alcoolisme et de ses conséquences au point de vue social, il faut pouvoir suivre non pas seulement une famille, comme celle de l'ivrognesse de Bonn, mais un certain nombre de familles, jusqu'à la seconde et même jusqu'à la troisième génération. Vous vous rendez facilement compte de la difficulté d'un pareil travail et quelle dose de patiente observation, quel esprit de sage critique il suppose. Eh bien, ce travail a été fait, il porte sur 215 familles pour la première génération, sur 98 pour la deuxième génération et sur 7 pour la troisième, et il est dû au docteur Legrain, médecin en chef des asiles d'aliénés de la Seine, qui en a fait le sujet d'un livre des plus intéressants, qui a, d'ailleurs, obtenu de hautes récompenses. Les détails qui vont suivre et les conclusions que j'en tirerai seront donc empruntés à ce livre.

Les 215 familles observées à la première génération fournissent un total de 508 individus qui sont atteints, soit dans la sphère intellectuelle, soit du côté du système nerveux, soit du côté de la santé générale. Si on entre dans le détail, le premier fait qui frappe est la fréquence extrême de ces états, qui sont connus aujourd'hui sous le nom de dégénérescence. Sur les 215 cas, on les rencontre 168 fois. Les chiffres de ces différents états dégénératifs sont très élevés. On trouve :

La déséquilibration simple (nervosisme, émotivité, névro-
pathie)... 63 fois.
La débilité mentale........................... 88 —
La folie morale.............................. 32 —
Les impulsions dangereuses en dehors de la
folie morale................................... 13 —

Il est impossible de ne pas être frappé par l'énorme diminution du taux de l'intelligence que présentent ces hérédo-
alcooliques. 88 familles présentent des arriérés. A la première
génération, la dégradation de l'intelligence chez ceux qui sont
touchés ne descend pas au-dessous de la débilité mentale ; le
jugement s'émousse, mais les actes intellectuels proprement
dits comptent encore. Parmi les dégénérés, il va sans dire que
la plupart demeurent intelligents quoique déséquilibrés.

Dans 29 familles, on a observé, à la première génération, des stigmates physiques tels que : malformation du
crâne, asymétrie de la face, strabisme, blésité, surdité,
surdimutité, tics nerveux, paralysie partielle, etc. Voilà pour
les individus ; du côté de la race, c'est l'extinction que l'on
observe dans un certain nombre de cas, en ce sens que bon
nombre de descendants d'alcooliques, même à la première
génération, meurent en naissant ou dans les premiers mois de
la vie.

La plupart des enfants d'alcooliques sont remarquables par
leur débilité physique, ils se développent lentement, sont longtemps chétifs, souffreteux, ils deviennent facilement la proie
des accidents aigus du premier âge, et s'ils franchissent non
sans peine les premiers mois de la vie, c'est pour succomber
en bas âge. La mortalité précoce est donc une des conséquences
de l'hérédo-alcoolisme. Il convient de dire que, souvent, ce
résultat est facilité et accéléré par le peu de soins que des
parents alcooliques tous les deux à la fois — la chose est fréquente — donnent à des enfants qui, nés dans des conditions
d'hygiène déplorable, ne sont pas en état de résister aux causes
de mort qui les guettent. Que l'alcoolisme soit la cause directe
ou indirecte de la mortalité précoce des enfants, il n'en est pas

moins une cause évidente, active, de dépopulation. Retenez bien ce fait, il est de la plus haute importance : les économistes et les démographes qui, depuis quelque temps, poussent le cri d'alarme à propos de la diminution croissante de la natalité dans les familles françaises, ne me paraissent pas y avoir prêté une attention suffisante et l'avoir fait entrer dans le domaine de leurs préoccupations. Le docteur Legrain cite surtout deux familles où l'on voit cette cause de dépopulation prendre des proportions véritablement inquiétantes. Dans le premier cas, le chef de famille est ivrogne et, sur huit enfants, six disparaissent en bas âge. Des deux derniers, l'un est imbécile, annihilé au point de vue de l'intelligence et d'un rôle à jouer dans le monde ; l'autre, une fille âgée de dix ans, est chétive, souffreteuse et semble marquée pour la tuberculose. Dans le second cas, le père est un ivrogne invétéré, la mère une alcoolique hystérique ; sur seize enfants auxquels ils donnent le jour, dix meurent en bas âge ; chez les survivants, on observe la déséquilibration mentale, la débilité, l'imbécilité, les convulsions, l'épilepsie, l'hystérie, les mauvais instincts. Cette famille, ajoute le docteur Legrain, est un véritable musée pathologique dont presque tous les éléments sont fournis par l'alcoolisme.

Un phénomène morbide qui a toujours été considéré comme engendré par le vice alcoolique des parents, est l'éclampsie infantile, cet état maladif si connu sous le nom de convulsions. 39 familles sur 215 le présentent dès la première génération. Quelquefois tous les enfants d'une famille sont atteints. Beaucoup succombent, d'autres restent atteints de paralysies diverses, presque tous accusent un arrêt de développement des facultés. Dans une de ces familles, où le père et la mère étaient des ivrognes invétérés, 9 enfants meurent en bas âge d'accidents cérébraux et de convulsions. Dans une autre, c'est 14 enfants qui succombent dans les mêmes conditions. Quand les enfants d'alcooliques guérissent des convulsions de l'enfance, ils deviennent bien souvent des candidats à l'épilepsie. Dans ces 215 familles de buveurs, on note, dès la première génération, l'épilepsie 52 fois. On retrouve l'hystéro-épilepsie dans 16 familles, les manifestations méningitiques dans 5 cas. Notons enfin, chez les fils de buveurs à la première génération : 1° l'aliénation mentale ; 2° l'alcoolisme lui-même.

Non seulement l'hérédo-alcoolique paie en venant au monde les excès de son père ou de ses parents au prix de son intelligence et de sa santé physique, mais encore il est exposé à verser plus tard dans la folie. Il est un dégénéré, un déséquilibré, un impulsif, en proie à des tentations irrésistibles, il ne peut trouver dans son organisme affaibli le ressort nécessaire pour y résister, il succombe et celles des tentations à laquelle il succombe le plus fréquemment est la tentation de boire. Il n'y a là rien qui doive nous étonner, nous savons qu'il est bien difficile d'échapper aux lois de l'hérédité. Les dispositions vicieuses se transmettent peut-être plus facilement et plus fatalement que la tendance à la pratique du bien. Mais cette transmission a quelque chose de particulièrement grave ici, car elle éternise une intoxication qui déjà, dès la première génération, s'était montrée redoutable. En outre, fait digne de remarque, l'hérédo-alcoolique présente en face de l'alcool une susceptibilité particulière. Tandis que son père se livrait sans qu'il y parût à des excès pantagruéliques, il ne peut, lui, que boire de petites quantités, il ne présente qu'une résistance amoindrie et le plus petit excès détermine aussitôt des accidents nerveux. C'est dans une proportion énorme que le père buveur engendre un fils buveur, une fois sur deux, dans 108 familles sur 215 pour nous en tenir à la statistique du docteur Legrain. Quant à l'aliénation chez les mêmes sujets, elle n'est pas moins considérable : 106 familles sur les 215 ont payé leur tribut à la folie. L'histoire de l'action de l'alcool sur la première génération sera terminée quand je vous aurai mentionné l'influence de l'alcoolisme des parents sur l'apparition de la tuberculose chez les enfants. Il y a ici, du reste, toutes les causes nécessaires réunies pour expliquer le développement de cette maladie qui est si souvent la résultante d'un trouble de nutrition qui conduit à la misère physiologique. Aussi n'est-on pas étonné de la rencontrer dans 32 familles sur 215.

Quatre faits principaux caractérisent les buveurs à la première génération. Ce sont des dégénérés, ils sont très souvent convulsivants, se livrent à la boisson et deviennent tuberculeux dans une proportion élevée.

Pour ne pas fatiguer votre attention, je me contenterai de résumer en quelques mots l'histoire des 98 familles qui furent observées jusqu'à la deuxième génération et présentèrent 294 sujets atteints par le mal. Cette histoire est surtout remarquable par une désorganisation plus profonde des facultés intellectuelles et morales et par la réunion des trois maladies suivantes : méningite, convulsions, épilepsie chez un même individu ou chez différents types de la même génération, par un goût de plus en plus marqué ou de plus en plus répandu pour les liqueurs fortes, enfin par une augmentation dans le chiffre de l'aliénation mentale.

Vous me croirez volontiers si je vous dis qu'il est difficile de suivre les familles que l'on observe soit dans les hôpitaux, soit dans les asiles pendant plus de deux générations : le docteur Legrain y a pourtant réussi pour 7 d'entre elles et a pu constater que cette troisième génération d'hérédo-alcooliques semble marquer l'anéantissement à peu près absolu de la famille. Cette génération comprend en tout 17 enfants qui tous sont atteints de façon irrémédiable. Voici quelle est leur situation :

Tous sont arriérés (faibles d'esprit, imbéciles, idiots). Deux, âgés respectivement de quatre ans et de onze ans sont atteints de folie morale : le premier a déjà des impulsions à boire ; il est vicieux et vole. Le second, vole, détruit tout ce qu'il peut et vagabonde. Deux sont hystériques, deux sont épileptiques, quatre ont eu des convulsions infantiles, un a été atteint de méningite, trois sont scrofuleux et profondément débilités. De ces observations faites avec le plus grand soin et qui ont porté comme je vous l'ai déjà dit sur 814 hérédo-alcooliques il résulte que 43 0/0 ont succombé à la tentation de boire et présenté des accidents d'intoxication, 39 0/0 sont des êtres intellectuellement dégradés, les cas de perversion morale ont existé dans une proportion de près de 14 0/0, les cas de convulsions infantiles ont été observées dans une proportion qui atteint presque 23 0/0 et les accidents méningitiques dans une proportion de 5 1/2 0/0. L'hystérie et l'épilepsie comptées ensemble nous montrent que le cinquième environ des fils d'ivrognes devient épileptique ou hystérique. Nous retrouvons la même proportion pour les cas d'aliénation mentale. Enfin, proportion véritablement effrayante nous voyons plus d'un cinquième des hérédo-alcooliques disparaître avant ou presqu'avant de vivre. Voilà une explication peut être un peu inattendue de la diminution de la natalité. Un dernier chiffre pour terminer ce résumé un peu aride, il a trait à la tuberculose que l'on observe dans une proportion de près de 12 0/0 et ce chiffre doit être certainement au-dessous de la vérité.

Arrivé à ce point de son travail, le docteur Legrain conclut en disant : l'hérédo-alcoolique est un dégénéré, un faible, un alcoolique, un convulsivant, un aliéné et il ajoute : « En raison de cette quintuple production de phénomènes pathologiques l'alcool doit être considéré comme une cause de dégénérescence pour l'individu et pour son espèce, comme une cause intense de dépopulation, comme un danger pour la société, comme une source de dépenses budgétaires inutiles.

Ces quatre propositions résument d'une façon saisissante les conséquences sociales de l'alcoolisme.

Je vais tâcher de leur donner quelques développements nécessaires :

1° L'alcool est une cause de dégénérescence pour l'individu et pour l'espèce.

Pour l'individu cette dégénérescence se traduit par des troubles morbides variés, une aptitude moins grande pour le travail, une infériorité mentale qui conduit tout droit à l'abrutissement et semble vouloir ramener l'humanité aux temps préhistoriques à l'époque où l'homme vivait dans des cavernes ou des cités lacustres, se servait d'outils en pierre taillée ou en pierre polie et ne connaissait pas l'usage du fer. Encore ces êtres incultes qui nous ont précédé de tant de siècles sur ce globe, avaient sur le dégénéré de notre temps qui revient en arrière, l'avantage de posséder la faculté de progresser, de s'améliorer, de s'élever plus haut.

Peuvent-ils prendre à nos yeux l'aspect de civilisés ces hommes du port de Rouen dont il est question dans un article de la *Revue hebdomadaire*, paru il y a peu de temps, et consacré à décrire un des aspects de l'alcoolisme en Normandie. On les appelle des « *Soleils* » sans doute parce qu'ils ne connaissent plus depuis longtemps d'autre mode de chauffage que celui que leur procure les rayons de l'astre bienfaisant. Ils peuvent gagner de 7 à 12 fr. dans leur rude journée. Tout va à l'alcool. C'est à peine s'ils mangent un peu de pain et de charcuterie, ils couchent sous les ponts ou dans les wagons du quai et quand par hasard il leur reste quatre sous le soir dans des bouges infects. Ces malheureux ne vivent que pour boire. Le seul endroit où il se plaisent c'est le cabaret, la seule autorité qu'ils reconnaissent, celle du garçon qui leur verse à boire et qu'ils appellent « not maître ».

Pour l'espèce, la dégénérescence se traduit, par une diminution de la natalité, par la morti-natalité, par la folie morale, par la débilité mentale, par toutes sortes de tares physiques et intellectuelles.

La morti-natalité est certainement un fléau mais moins grand à mon sens que la débilité mentale. Le mort-né, l'hérédo-alcoolique qui disparaît de bonne heure succombant à une des nombreuses maladies de la première enfance coûtent moins cher à leur famille ou à la société que l'imbécile improductif qui prolonge une existence inutile à lui-même et aux autres. Je signalerai tout à l'heure les dangers que font courir à la société le fou moral, l'épileptique, et tous les hérédo-alcooliques qui ne se contentent pas de peupler les asiles d'aliénés mais vont encore s'échouer sur les bancs de la correctionnelle et de la cour d'assises. Notre race si robuste, si bien constituée, d'où sont sorties des armées vaillantes et aguerries qui firent flotter dans toutes les capitales de l'Europe le drapeau aux glorieuses couleurs, menace de s'abâtardir. L'auteur du travail sur l'alcolisme en Normandie que je citais tout à l'heure, nous dit que dans un canton du Calvados de

6,545 habitants on compte en une année 75 naissances et 295 morts ; sur 124 conscrits, 31 seulement sont reconnus bons pour le service, 81 ajournés, 12 réformés. — Il est vrai que dans ce canton on trouve un débit pour 18 maisons. — Après nous avoir fait pénétrer dans un asile d'aliénés peuplé d'enfants issus d'alcooliques, à la tête ridiculement grossé, aux yeux hébétés, au front trop vaste, agités sur leurs chaises par un tremblement continuel, crachottant sans cesse ou répétant continuellement les mêmes syllabes, l'auteur ajoute : Voilà ce que l'alcool fait des descendants de ces âpres aventuriers normands qui jadis ont conquis l'Angleterre et les Deux-Sicile et colonisé le Canada.

Ai-je besoin de dire que l'alcoolisme est le dissolvant par excellence des liens de la famille, pour l'alcoolique invétéré, femme et enfants n'existent pas, il sacrifie tout à sa passion et se soucie comme de son premier petit verre du bien-être et de la sécurité des siens. Retour à la primitive barbarie, oubli des lois morales, imprévoyance, destruction de la famille, voilà où conduit la dégénérescence alcoolique et, qu'il s'agisse de l'individu, qu'il s'agisse de l'espèce, c'est toujours une brèche faite au capital intellectuel.

2° L'alcool est une cause intense de dépopulation.

Depuis quelque temps, on ne peut pas ouvrir un journal sans y trouver un article consacré à la diminution de la natalité dans les familles françaises, article qui se termine invariablement par les prophéties les plus sombres, les plus alarmantes. Certainement le mal existe, mais peut-être n'est-il pas aussi grave que le disent M. Bertillon et autres savants statisticiens. D'abord, il est fort ancien, on en retrouve la trace dans Suétone et déjà les Romains à l'époque de la conquête des Gaules, pensaient qu'il n'y avait rien à tirer d'un peuple qui mettait une mauvaise volonté évidente à croître et à multiplier. Nous avons cependant fini par secouer le joug de nos oppresseurs et depuis nous n'avons pas fait trop mauvaise figure dans le monde. Il n'y a donc peut-être pas trop lieu de nous effrayer et puis c'est une question terriblement compliquée, plus compliquée que la question d'Orient, ce cauchemar de toutes les chancelleries. Puisqu'on cherche de tous côtés le moyen de la résoudre, apportons notre pierre à l'édifice en signalant l'alcoolisme comme un des facteurs actifs de la dépopulation.

L'alcoolisme y contribue par la morti-natalité des hérédo-alcooliques considérable comme je vous l'ai indiqué tout à l'heure en vous donnant des chiffres ; il y contribue en jetant dans la bataille de la vie des êtres débilités, insuffisamment armés et voués à la mort dès leurs premiers pas, il y contribue en favorisant le développement de la misère et en créant ainsi un milieu où la tuberculose — cet autre fléau du siècle — trouve tout ce qu'il faut pour s'installer et se développer.

Enfin, l'alcoolisme conduit souvent au suicide et est, par la même, une cause de dépopulation. D'une statistique qui remonte à 1890, il résulte que le suicide est toujours en progression, et que sur 100 suicides, 12 sont dus à l'ivresse habituelle ou à l'alcoolisme. C'est une proportion considérable mais qui n'étonne pas quand on réfléchit et qu'on regarde autour de soi. Que de fois, depuis que je suis médecin, j'ai eu à constater le suicide de malheureux que l'abus des boissons alcooliques avait conduits à cette fâcheuse extrémité.

Les folies mélancoliques dépressives dont les hérédo-alcooliques sont coutumiers et qui ont souvent le suicide pour épilogue sont plus que toutes les autres une cause de dépopulation.

Engendrer un alcoolique c'est faire à la société un piètre cadeau, c'est ajouter à la masse humaine une bien pauvre unité qui perpétue en les aggravant les tares dont elle a hérité.

Le terme final n'est autre que l'abâtardissement de l'espèce, son annihilation, sa disparition qui s'impose fatalement et à courte échéance. D'où accroissement de la dépopulation, brèche faite au capital humain.

3° L'alcool est un danger pour la société. Le danger nous apparaît ici sous l'aspect de ces fous moraux, de ces déséquilibrés, de ces épileptiques, êtres le plus souvent vicieux et malfaisants dont le nombre augmente tous les jours et est en rapport direct avec la consommation de l'alcool et le nombre des débits de boisson.

Il résulte de statistiques faites avec soin que, au fur et à mesure que la consommation d'alcool par tête d'habitant augmente, la criminalité augmente dans la même proportion et il en est de même du nombre des aliénés.

En Belgique, de 1868 à 1882 la consommation annuelle d'alcool par tête d'habitant passe de 7 à 9 litres, le nombre des crimes et des délits s'élève pour la même période de 1,900 pour 100,000 habitants à 2,877. Le nombre des aliénés qui était de 8,240 en 1868 monte à 10,020 en 1878.

En France, l'alcool consommé par tête d'habitant en moyenne annuelle est de 2 litres 72 de 1873 à 1877 et de 3 litres 83 de 1883 à 1887. Pendant ce laps de temps le nombre de crimes montait de 172,000 à 195,000 chiffre rond et le nombre des aliénés passait de 37,000 en 1872 à 52,000 en 1885.

En Irlande, presque tous les crimes commis, à l'exception des crimes agraires, se rattachent à l'abus des boissons.

En Hollande, les 15/16 des crimes sont causés par les abus du genièvre.

D'après un auteur allemand Baër, il y avait dans les prisons allemandes 32,837 détenus parmi lesquels on comptait 13.706 buveurs, soit 41 0/0 dont 22 0/0 buveurs d'occasion et 19 0/0 buveurs d'habitude.

Ces relations entre le taux de la criminalité et l'alcoolisme ont de tout temps frappé les observateurs et les différents auteurs qui se sont occupés de la question.

C'est ce qu'on ne saurait mettre hors de doute quand on veut se donner la peine de regarder ce qui se passe dans les pays malheureusement trop peu nombreux où la consommation de l'alcool a subi une diminution

Je citerai en première ligne la Norwège. La consommation de l'alcool qui était de 10 litres par tête en 1844 tombait à 5 litres en 1871 et à 4 litres en 1876. Pendant ce temps la criminalité descendait de 249 par 10,000 habitants à 207 et à 180, le nombre des cas de folie diminuait dans la même proportion.

En Suède, même résultat : la diminution du nombre des crimes contre les personnes est surtout notable depuis la mise à exécution de la loi sur les boissons de 1855.

En Irlande, le résultat fut encore plus frappant et présenta ceci de caractéristique et de particulièrement encourageant que l'action de l'Etat n'y fut pour rien et que l'honneur en revînt tout entier à l'éloquence et à l'action morale d'un seul homme.

« A l'époque mémorable dit Peeters, où l'influence merveilleuse du père Mathew fit, dans une période de cinq années (1838-1842) diminuer de 50 0/0 la consommation de l'eau-de-vie, le chiffre des délits graves tomba de 64,000 à 47,000 ; au lieu de 59 exécutions capitales, il y en eut une seule. »

Ces quelques chiffres disent assez haut combien les malheureux qui doivent aux abus alcooliques où à l'hérédité alcoolique leur déséquilibre moral peuvent être une cause de danger pour tous.

« Le fou moral n'est pas seulement un être inutile, c'est
« encore un être dangereux contre lequel il faut prendre des
« précautions. Sans parler des dommages qu'il cause aux par-
« ticuliers par les divers attentats qu'il commet, sans parler
« du préjudice moral qu'il cause par son exemple et par la
« contagion dont il peut être l'origine, le fou moral devient
« l'hôte dans sa jeunesse des asiles d'idiots ou des maisons de
« correction ; plus tard il a des démêlés avec la justice, il est
« recueilli dans un établissement pénitentiaire ou dans un
« asile d'aliénés (1). »

Que vous dirai-je de l'épileptique, être dangereux entre tous ces dégénérés que nous vaut l'alcoolisme. Il est doublement redoutable par sa névrose et par les impulsions aveugles auxquelles il obéit, passant inconscient au milieu des désastres terribles qu'il accumule autour de lui.

Redoutable par lui-même, il l'est encore par sa descendance, car il n'est pas de maladie qui soit plus que celle-là, transmissible par l'hérédité.

(1) Docteur LEGRAIN. Dégénérescence sociale et alcoolisme, pag. 56.

Mais, direz-vous, ces êtres malfaisants dont vous nous faites, comme à plaisir, un tableau effrayant, sont l'exception, on ne les rencontre que rarement dans la vie.

Détrompez-vous, dans tout criminel il y a, à un degré quelconque, un dégénéré.

Pour appuyer d'un exemple frappant la proposition que je viens d'avancer, je n'ai qu'à vous signaler en France, dans une série de bourgs disposés sur la lisière des forêts de la Thiérache, l'existence d'une race criminelle. Ce sont des criminels-nés et leur sauvagerie naturelle est encore — d'après ceux qui les ont décrits — exaspérés par *l'alcoolisme fréquent*. Partout où cette race prédomine ce ne sont que rixes et violences de toutes sortes sur lesquelles l'autorité judiciaire se voit forcée de fermer les yeux pour ne pas encombrer les prisons. Tout étranger qui se risque au milieu de ces populations s'expose, pour le moins, à être insulté aussi bien par les femmes et les enfants que par les hommes. Même dans la classe aisée, cette brutalité reparaît souvent à travers un certain vernis de civilisation.

J'en aurai fini avec les conséquences sociales de l'alcoolisme quand je vous aurai montré l'alcool comme une source de dépenses budgétaires inutiles.

L'augmentation croissante de la criminalité et de l'aliénation mentale explique dans quelles proportions énormes l'alcoolisme vient gréver un budget déjà si lourd pour nos pauvres épaules de contribuables.

Ici, je suis encore obligé de vous donner quelques chiffres ; ils ont bien leur éloquence, comme on le dit souvent.

De 1835 à 1839 on comptait 11,524 aliénés environ, 3,4 pour 10,000 habitants — je donne là une moyenne annuelle.

Pour la période de 1855 à 1859, le chiffre atteint 26,279, c'est-à-dire 7,2 pour 10,000 habitants. Vingt ans plus tard, en 1875. nous en trouvons 42,341 ce qui donne, 11,5 pour 10,000 habitants ; en 1892, c'est le chiffre fabuleux de 58,733 avec une proportion de 15,3 pour 10,000 habitants. Ainsi dans moins de soixante ans le chiffre des aliénés a presque quintuplé. Je sais bien qu'on peut invoquer, pour expliquer cette progression effrayante l'influence de causes autres que l'alcoolisme mais à ceci je répondrai que la statistique spéciale des aliénés dont la maladie est due à l'alcoolisme a été faite aussi et elle nous apprend que pour la période qui va de 1870 à 1893 le chiffre de ces aliénés a passé de 713 à 3,386.

C'est donc un flot qui monte, qui monte toujours et menace de submerger la société actuelle.

Les asiles sont partout insuffisants, les nouveaux à peine édifiés regorgent de pensionnaires, le département de la Seine ne sait plus que faire des siens, il les écoule sur les asiles de province qui sont bondés à leur tour.

Ah l'alcoolisme nous coûte cher ! M. Rochard, par des calculs ingénieux est parvenu à évaluer approximativement le budget annuel de l'alcoolisme en France. Ce fléau nous coûte, par an, au bas mot, plus d'un milliard et demi, tout juste le budget de la guerre, Je ne vous donnerai pas les chiffres de M. Rochard, j'indiquerai seulement les chapitres qui lui permettent de faire sa répartition. Il tient compte : 1° du prix de l'alcool consommé : 2° des journées de travail perdues ; 3° des frais de traitement et de chômage ; 4° des frais de traitement pour les aliénés ; 5° des frais de repression pour crimes ; 6° des pertes causées par les suicides et les morts accidentelles.

Je citerai pourtant le chiffre évalué pour les journées de travail perdues, il s'élève à la somme énorme de 1 milliard 340 millions. Combien ces dépenses injustifiées doivent jeter un trouble irrémédiable dans le mod ste budget du travailleur ! Quelques exemples me permettront de le mettre en évidence : Un ouvrier cité dans le travail du docteur Brunon, de Rouen, gagne 5 fr. 75 par jour et depuis 2 ans il n'a déclaré chez lui qu'un salaire de 4 fr. 50. La différence de 1 fr. 25 s'ajoute à ce qu'il prélève chaque jour sur son salaire pour boire chez le débitant. Combien doivent faire comme lui !

Le docteur Devoisins dans son livre « La Femme et l'Alcoolisme » raconte que dans certaines localités de la Normandie, une famille composée du père, de la mère, d'un

enfant de douze ans et d'un domestique, consomme journelle-
ment deux litres d'eau-de-vie de poiré à 60°, ce qui donne par
an sept cent trente litres d'eau-de-vie, quatre hectolitres
trente-huit litres d'alcool pur, à deux francs le litre d'eau-de-
vie cela fait la jolie somme de 1,460 fr. L'ouvrier Normand
consomme, en moyenne, un demi-litre d'eau-de-vie par jour.
Cette eau-de-vie lui est vendue 4 fr. le litre. D'autre part,
le salaire moyen étant de 4 fr. on voit que la moitié de ses
ressources passe au cabaret.

M. Claude (des Vosges), dans son rapport adressé au
Sénat en 1885 et qui marque une étape importante dans cette
question de consommation de l'alcool, évalue ce que coûte
l'alcoolisme. La consommation moyenne était alors de
1,500,000 hectolitres d'alcool, correspondant à environ
4 millions d'hectolitres d'eau-de-vie ordinaire à 4 fr. ce qui
faisait monter à 1,600,000,000 de francs une dépense supportée
en grande partie par la classe pauvre.

Si l'on veut être dans le vrai, aujourd'hui, il faut majorer
cette somme énorme de plus de cinq cents millions ; de sorte
que l'on arrive à un chiffre de plus de deux milliards. Ces
chiffres finissent par donner le vertige et ils expliquent nettement comment nous en sommes arrivés à occuper une place
je ne dirai pas si honorable mais si élevée dans l'échelle de
l'alcoolisme en Europe.

En 1830, on consommait en France 365,182 hectolitres
d'alcool ce qui donnait une consommation moyenne par tête
de 1 litre 12.

En 1850, la consommation de l'alcool n'atteignait encore
que 585,200 hectolitres avec une consommation moyenne par
tête de 1 litre 46. L'alcool coûtait alors, impôt compris,
87 fr. 40 l'hectolitre.

En 1869, la consommation de l'alcool est de 1,008,750
hectolitres et la consommation par tête de 2 litres 63, cependant grâce à un impôt de 90 fr. il coûte déjà 163 fr. l'hectolitre.

En 1880, nous arrivons à une consommation de 1,513,829
hectolitres, la consommation par tête est 3 litres 64 et l'hecto-

litre d'alcool grâce à un impôt de 156 fr. 25 revient à 224 fr. 25.

En 1894, nous sommes en face d'une consommation de 1,539,389 hectolitres, d'une consommation moyenne de 4 litres 04 par tête, l'impôt est toujours le même qu'en 1880, mais l'hectolitre d'alcool ne coûte plus que 192 fr. 25, l'industrie ayant réussi à le produire au prix de 36 fr.

Il ressort de ceci que la consommation de l'alcool pur à 100 degrés a presque quadruplé depuis 1830 et que si l'on ramène ces chiffres en eau-de-vie à 35 degrés, il y a lieu de les tripler.

Ce qui ne frappe pas moins c'est que le prix de l'alcool n'a influé en rien sur la consommation ; c'est un fait à retenir et à opposer à ceux qui croient trouver dans l'élévation excessive de l'impôt sur l'alcool une entrave aux progrès de l'alcoolisme.

Cette statistique qui s'applique à toute la France ne fait pas saisir d'une façon suffisante la douloureuse réalité des choses. Il faut considérer que le midi de la France ne consomme que peu d'alcool tandis que les départements du nord défient, sur ce point, toute concurrence.

Encore quelques chiffres à l'appui de ce que je viens d'avancer, ils sont empruntés à un relevé fait, en 1894, par le Ministère des Finances, de la consommation d'alcool dans les villes de France ayant plus de 30,000 habitants. Il nous apprend que par tête d'habitant cette consommation est : à Cherbourg de 18 litres 3, à Rouen de 16 litres 8, au Havre de 16 litres 2, à Caen de 15 litres 8, à Versailles de 9 litres 8, à Lille et Roubaix de 7 litres 2. A Nice, nous trouvons 4 litres 4, à Montpellier 3 litres 8, à Toulouse 3 litres 2, à Béziers 1 litre 4.

Je ne vous donne que le résultat observé dans un petit nombre de villes, il suffit pour nous apprendre que la Normandie et certaines régions du nord de la France sont peut-être les pays de l'Europe où l'alcoolisme a pris depuis vingt ans les proportions les plus inquiétantes.

Si maintenant nous jetons un regard sur les autres pays de l'Europe, nous verrons que la France occupe le septième rang avec une consommation qui est, pour quelques-uns, de 4 litres 04 et pour d'autres de 4 litres 08.

Le Danemark vient en tête avec		8 litres	85
puis l'Allemagne du Nord	—	8	25
La Suisse	—	5	
Les Pays-Bas	—	4	58
La Belgique	—	4	50
La Suède	—	4	15

Puis vient la France et au-dessous nous trouvons le Grand Duché de Bade avec

Grand Duché de Bade	avec	3	77
L'Autriche	—	3	50
La Russie	—	3	40
L'Angleterre	—	2	50
Le Wurtemberg	—	2	50
La Bavière	—	2	45
Le Portugal	—	2	10
L'Espagne	—	2	
L'Italie	—	1	

A cette liste des pays d'Europe j'ajouterai les Etats-Unis dont la consommation est évalué à 2 litres 82. Ce chiffre me paraît un peu faible ; la population des États-Unis est constituée par trois éléments : Anglo-Saxons, Irlandais et Allemands qui tous sacrifient volontiers à l'alcool et nous savons quelle ingéniosité dépense l'Américain dans la préparation des Cocktails et autres mélanges corrosifs qu'il absorbe avec délices pour la ruine de son estomac.

Nous occupons le septième rang sur cette liste fatale, mais il y a lieu de craindre que nous n'en restions pas là. Déjà nous avons pris la place de l'Angleterre et elle est venue occuper la nôtre. Il y a vingt ans l'Angleterre était un pays d'alcool mais depuis cette époque la consommation y a baissé de moitié.

Les peuples qui passent avant nous : Danois, Hollandais, Allemands du Nord, Belges, ont une excuse à fournir, ils habitent des contrées où le soleil est avare de ses rayons, ils boivent pour se réchauffer et fournir un aliment à la combustion intérieure. N'ayant pas de vignes, ne faisant pas de cidre, ils sont bien obligés d'avoir recours aux alcools d'industrie.

Nous ne pouvons pas invoquer les mêmes raisons, nous n'en pouvons même invoquer aucune de plausible, nous succombons, en nous alcoolisant, à un goût pervers, à une passion basse et avilissante.

Et pourtant, nous avons le vin, nous avons le cidre ; autrefois, il y a quarante ans à peine, la France, grâce à ces deux boissons hygiéniques, passait pour un des pays les plus sobres du monde. La gaieté, la vigueur, l'élasticité de la race venaient de ce sage tempérament.

Cet équilibre est aujourd'hui rompu.

Il faut qu'il soit rétabli.

C'est une question de vie ou de mort pour notre pays et nous devons y contribuer chacun dans la mesure de nos forces.

Le danger n'est pas seulement à nos portes, il est au cœur même du pays dont il tarit les sources de vie, il ne faut pas détourner les yeux et dire : Voyez les Allemands, les Danois, les Hollandais, les Belges, ils sont autrement alcoolisés que nous et ils sont vigoureux cependant et ils se développent.

C'est là un argument sans valeur, un argument misérable destiné à masquer une vérité importune.

Il n'est que temps de secouer notre torpeur et d'entrer dans un mouvement qui finira par entraîner les pouvoirs publics. Il est doux assurément de dormir en paix sur l'oreiller de l'égoisme en laissant à d'autres le souci de notre avenir. Une pareille attitude est indigne d'un peuple qui veut vivre, combien il est préférable d'envisager froidement comment il serait possible de combattre le fléau et de l'enrayer. Ce sera le sujet de la cinquième et dernière conférence.

CINQUIÈME CONFÉRENCE

PAR QUELS MOYENS PEUT-ON ENRAYER LE MAL ?

Messieurs,

S'il est peu de personnes pour contester l'influence pernicieuse de l'abus des liqueurs alcooliques, en revanche, on en rencontre beaucoup qui accueillent d'un haussement d'épaules significatif celui qui vient les arracher à leurs travaux ou à leurs plaisirs pour leur dire qu'il y a urgence d'endiguer le fléau et leur donner à entendre qu'il compte sur leur concours.

Ce prophète de malheur, qu'il soit hygiéniste, médecin ou économiste, leur fait l'effet de s'agiter dans le vide, et si, ne se sentant pas découragé par cet accueil plus que froid, il commence l'énumération des moyens qu'il convient d'employer, il ne tarde pas à saisir sur les lèvres de son interlocuteur un sourire dont l'ironie est à peine tempérée par une indulgente pitié et il s'entend opposer cet aphorisme décourageant et trop connu : « Qui a bu, boira. » Mon Dieu oui ! Je le sais trop bien, je ne me dissimule pas les difficultés du problème, mais aussi quel plaisir y aurait-il à descendre dans l'arène s'il n'y avait qu'une victoire facile à remporter. Deux systèmes s'offrent à nous pour atteindre ce but, le premier s'adresse à l'alcoolique confirmé et consiste en moyens répressifs et autres destinés à l'empêcher de s'alcooliser encore et à le rendre incapable de nuire sous l'influence des excès qu'il commet ; le second, de beaucoup préférable, consiste en moyens préventifs. Il va sans dire qu'il vaut beaucoup mieux empêcher le mal de se développer, il en coûte moins cher que d'avoir à le combattre quand il est arrivé à son point culminant.

Les succès vraiment remarquables de la médecine moderne nous montrent ici la voie qu'il convient de suivre. Les résultats surprenants que le traitement préventif de quelques maladies a donnés entre les mains de Pasteur et de ses élèves sont véritablement concluants à cet égard. Vous entendrez souvent des esprits chagrins dire, en secouant la tête, que la médecine ne tient pas les promesses qu'elle fait, que son action est bien limitée, que ses progrès sont bien lents, ils ajouteront même, à l'instar d'un homme éminent, qui, ce jour-là, a prononcé une parole imprudente, que la science a fait faillite. N'en croyez rien, et prenez la peine de réfléchir quelques instants. Vous verrez que nombre de maladies, réputées meurtrières autrefois, tendent à disparaître du cadre nosologique, que l'hygiène sociale et individuelle, dont les principes se répandent de plus en plus, grâce à l'action incessante du médecin, ont fait plus pour le bien-être de tous que la thérapeutique proprement dite. Or, qu'est-ce que prêcher la tempérance, sinon faire de la médecine préventive, et procurer à tous les bienfaits d'une hygiène aussi sage que raisonnée.

Le jour où la tempérance régnera partout en souveraine, nous toucherons de bien près à cet âge d'or décrit par les poètes et la société actuelle se rapprochera de cette république idéale que tant d'écrivains humanitaires ont vu dans leurs rêves et que Fénelon, ce doux et chimérique esprit, s'est plu à décrire dans son livre des Aventures de Télémaque.

Il m'arrive parfois de dire que la question sociale ferait un grand pas vers une solution pacifique le jour où, non contents de renoncer à l'alcool, nous consentirions à devenir végétariens. Vous allez vous récrier, sans doute, trouver que je vais trop loin et que je supprime, avec une véritable désinvolture, tout ce qui fait pour beaucoup d'humains le charme de la vie. Je n'insisterai donc pas, me contentant d'affirmer qu'on consomme, à notre époque, beaucoup trop de viande et de mets substantiels, qu'il en résulte des inconvénients réels pour la santé, que le prix de revient de la vie matérielle s'en trouve augmenté notablement et que nous sommes, de toute façon, victimes du préjugé de la suralimentation.

Si vous me permettez d'ajouter que nous grevons constamment notre budget de dépenses occasionnées par des besoins factices et que souvent nous faisons passer le superflu avant le nécessaire, vous aurez saisi toute la portée de la proposition un peu étonnante, en apparence, que je viens d'émettre et vous excuserez cette petite digression qui se rattache cependant à mon sujet auquel je m'empresse de revenir.

S'il était possible de connaître par le menu les causes de l'alcoolisme, on aurait fait un grand pas dans la voie où nous nous engageons. Le jour où l'on connaîtrait nettement les causes, toutes les causes du mal, le remède serait mieux appliqué, serait tout au moins appliqué avec une certitude qui en augmenterait la valeur. Mais c'est là un problème dont toutes les inconnues sont loin d'être dégagées. Dans le cours de ces conférences, j'ai eu l'occasion de vous signaler un grand nombre de ces causes. Il en est d'autres encore sur lesquelles je veux attirer rapidement votre attention.

Je citerai en première ligne, les progrès considérables du commerce et de l'industrie, qui ont eu pour effet la dissémination de l'alcool dans toutes les classes de la société. Ici c'est le progrès, ce grand levier du monde moderne, qui est coupable. C'est lui qui nous enlève d'un côté ce qu'il nous donne de l'autre.

Cette dissémination de l'alcool a eu pour conséquence la multiplication des cabarets.

La tolérance que les bouilleurs de cru ont trouvé dans la loi, pour l'exercice de leur industrie, est une des causes les plus actives. Joignons-y le paupérisme, qui est souvent le résultat de l'alcoolisme et qui contribue à l'entretenir, créant ainsi une sorte de cercle vicieux, la démoralisation et l'arriération des masses, les habitudes professionnelles vicieuses, l'insouciance des gouvernements et des populations, les maladies de la vigne, et nous verrons que ces causes, qu'elles soient morales, intellectuelles, sociales ou matérielles, sont innombrables.

Vous voyez combien ce problème est complexe ; complexes aussi devront être ses solutions.

Il y aura beaucoup de sacrifices à faire pour atteindre le but qu'on se propose ; on rencontrera sur la route plus d'un intérêt privé, considéré comme respectable, mais on n'en tiendra que le compte qu'on doit en tenir ; l'intérêt de quelques-uns pèse bien peu dans la balance quand il s'agit du salut de tous.

La liberté individuelle elle-même, ce *palladium* si respecté jusqu'ici, court le risque d'être atteinte, car la plupart des systèmes préventifs de l'alcoolisme visent la liberté des citoyens. En pareils cas, pour beaucoup de bons esprits, ce principe est admis sans réserve que l'intérêt collectif doit passer avant l'intérêt individuel. Il y a là, évidemment, matière à controverse, et l'application d'un pareil principe, que je n'accepte pas dans toutes ses conséquences, est bien de nature à satisfaire certaines écoles socialistes de notre temps qui préparent, dans le triomphe du collectivisme, le naufrage et l'anéantissement de la liberté individuelle.

La première idée qui s'est présentée à l'esprit des économistes et des législateurs était, sinon d'interdire l'usage des boissons spiritueuses, du moins de les imposer fortement.

Une matière destinée à la consommation, dit Claude (des Vosges), dans son célèbre rapport, n'est-elle pas d'autant plus imposable que sa consommation est devenue dangereuse et, par là même, sujette à restriction. Il est évident que l'impôt idéal, le moins lourd, est celui qui porte sur une matière de luxe ou une matière dangereuse. Ce principe ne semble pas avoir jamais rencontré de contradicteurs, et il a été appliqué de tous temps. Des édits et réglements de 1680, de 1717, 1718 déclarent déjà qu'il est établi une taxe sur l'eau-de-vie, afin d'en empêcher la grande consommation. La Révolution vint qui supprima ces taxes. L'Empire les rétablit en 1804. Cet impôt a subi une augmentation croissante depuis cette époque ; en 1830 il est de 55 francs par hectolitre d'alcool pur ; tombé à 37 fr. 40 en 1850, il monte à 90 francs en 1860, et depuis 1875 il est de 156 fr. 25. C'est certainement un impôt très lourd, et comme je vous le disais l'autre jour, il n'a entravé en rien la consommation de l'alcool et les progrès de l'alcoolisme. Si nous comparons avec les pays où l'on signale une diminution dans l'alcoolisme, nous voyons qu'en Suède l'impôt est sensiblement le même qu'en France, 145 francs, et qu'en Angleterre il atteint le chiffre énorme de 477 francs. Les résultats obtenus dans ces pays ne sont pas dus seulement à l'élévation de cet impôt, ils tiennent à tout un ensemble de moyens sur lesquels j'appellerai votre attention dans quelques instants. C'est en vain qu'on augmentera l'impôt sur l'alcool, on n'obtiendra aucun résultat utile tant qu'on laissera subsister le privilège des bouilleurs de cru. Ce privilège, vous le savez, consiste en ceci que chacun reste libre de distiller, pour son usage personnel, les produits de sa récolte et de fabriquer ainsi une certaine quantité d'alcool qui échappe à l'impôt. La situation des bouilleurs de cru, après des fluctuations diverses, a été réglée par la loi de 1875 qui les dispense de toute déclaration préalable et les affranchit de l'exercice. C'est une véritable loi d'exception grosse d'abus, comme toutes les lois qui ont ce caractère. Il en est résulté une extension énorme de la fraude, d'où une perte sèche pour le Trésor, et la fabrication illimitée d'alccools mal rectifiés ou même pas du tout, d'où danger pour la santé publique. Il existe en moyenne, en France, *cinq cent mille bouilleurs de cru*, fabriquant annuellement plus de deux millions d'hectolitres d'alcool qui échappent aux droits et qui viennent en sus de la production officielle. Que sont ces bouilleurs de cru ? Ce sont, suivant le mot du docteur Magnan, des vignerons sans vignes qui, sous le couvert de leur privilège, entassent toutes espèces de substances fermentescibles qu'ils distillent pour répandre dans le commerce des alcools de qualité détestable. Les analyses chimiques de M. Riche, que je vous ai citées dans ma seconde conférence, sont particulière-édifiantes sur ce point. Le jour où on aura supprimé le privilège des bouilleurs de cru, on pourra envisager la question de l'alcoolisme avec sérénité et avec l'espoir d'en avoir enfin raison. M. Rouvier proposa il y a quelques années, à la Chambre, la suppression de ce privilège. Il ne trouva pas de majorité dans le Parlement, où les députés paraissent plus soucieux des intérêts de leurs mandataires que de ceux de la collectivité. Il faudra bien en venir là, cependant, le jour où, abordant la question par son côté moral, on proposera le dégrèvement des boissons hygiéniques. Ce ne sera pas sans soulever des protestations, et un économiste, M. Moireau, écrivait récemment qu'il y en aurait pour vingt séances avant que le calme se rétablît au Palais-Bourbon. Le rapport si consciencieux de M. Claude (des Vosges), qui était dans cette circonstance l'interprête de la Commission d'enquête nommée par le Sénat en 1886, concluait aussi à la disparition des bouilleurs de cru et à l'abrogation pure et simple de la loi du 14 décembre 1875. C'était la mort sans phrases ; mais les bouilleurs avaient la vie dure, et la question se pose encore dix ans après les conclusions de M. Claude, avec d'autant plus de gravité qu'il est démontré que si les bouilleurs distillent beaucoup, ils rectifient peu ou mal.

La nécessité d'assurer, d'une part, au fisc un revenu considérable et, d'autre part, de livrer à la consommation des alcools contenant le minimum d'impuretés, a conduit par une pente toute naturelle à l'idée de la monopolisation et la rectification des alcools par l'Etat.

Le système de M. Alglave est le plus connu, comme aussi le plus complet, des systèmes qui reposent sur cette idée. Voici en quoi consiste ce système, qui fut conçu par son auteur vers 1872.

L'Etat achète au producteur l'alcool destiné à la consommation; il en vérifie la composition et ne l'achète qu'autant qu'il est rectifié, puis il le répand dans la consommation en garantissant sa pureté, non sans avoir prélevé l'impôt. D'après M. Alglave, le consommateur ne paierait pas plus cher qu'aujourd'hui et serait à peu près sûr de n'être pas empoisonné. Il estime aussi que pour apprécier ce minimum de pureté, il suffirait d'installer, pour toute l'étendue du territoire, six laboratoires spéciaux, sur le modèle du laboratoire municipal de la ville de Paris, qui procède à 25,000 analyses par an.

Dans ce système, le producteur est laissé absolument libre; il continue à fabriquer de l'alcool comme aujourd'hui. L'Etat n'intervient que lorsque ce producteur, ou un marchand en gros, veut vendre cet alcool au consommateur ou à un cabaretier, et il dit : « Ici il y a un acte qui est de ma compétence exclusive, l'objet propre et unique de mon monopole. » C'est alors que la régie intervient pour percevoir l'impôt et pour analyser la liqueur afin de s'assurer que si elle peut toujours enivrer le buveur, au moins ne peut-elle pas l'empoisonner.

La quittance de l'impôt est constituée par une bouteille d'un quart de litre, fabriquée de telle sorte qu'elle soit *difficile à remplir sans preuve évidente d'effraction.* Cette bouteille, remplie d'alcool par l'Etat, est vendue un prix déterminé au consommateur (un franc dans le système Alglave). Ce système qui présente certainement des avantages sérieux, surtout au point de vue fiscal, sinon au point de vue de l'hygiène publique, n'a jamais été discuté sérieusement ; il a suffi de quelque plaisanteries faciles sur les petites bouteilles pour enterrer, momentanément au moins, un projet qui constitue une réforme réellement importante.

Le système de M. Alglave, qui établit un monopole déguisé et n'est qu'une demi-mesure, comme on l'a dit souvent, n'a pas été adopté surtout parce qu'on a reculé devant les difficultés considérables qu'il entraîne, et qu'on peut résumer ainsi : dépenses énormes de première installation, difficultés de transporter, loger, conserver et vérifier au moins un million et demi d'hectolitres d'alcool pur par an, sans compter les réserves, puis transvaser cette quantité énorme d'alcool dans 600 millions de quarts de bouteilles à répartir dans des dépôts sur toute la surface du pays, organisation d'une vaste régie spéciale avec tout son personnel, etc.

Quoiqu'il en soit, ce système présente les avantages suivants : faire supporter l'impôt par tout l'alcool consommé, ne laisser consommer que de l'alcool chimiquement pur, possibilité d'affranchir complètement les boissons hygiéniques : vins, cidres, bières, en faisant payer leur rançon par l'alcool.

Si l'adoption d'un pareil système présente les avantages que je viens d'énumérer, et qui sont loin d'être négligeables, il convient aussi d'en faire ressortir les inconvénients qui, à mon sens, sont les suivants :

Nous sommes en présence d'une ingérence-nouvelle de l'Etat et nous avons tout lieu de croire qu'on n'en resterait pas là, qu'on serait bientôt obligé d'aller plus loin et d'arriver au monopole absolu comme pour le tabac et pour les allumettes. Si l'alcool rectifié, et vendu par l'Etat ne doit pas valoir mieux que ses allumettes ce n'est pas la peine de créer un monopole nouveau et toute une classe nouvelle de fonctionnaires dans un pays qui plie déjà sous le nombre des budgétivores. Au fond de tout ceci, je ne vois que des préoccupations fiscales, je n'en veux d'autre preuve que la proposition de M. Guillemet dont l'urgence a été votée par la Chambre le 15 juin 1895 et qui est relative au monopole de la rectification de l'alcool par l'Etat.

Elle se propose, dit le rapporteur, d'atteindre un double résultat : 1° assurer la perception d'un impôt *d'un milliard* qui permettrait de supprimer, pour une somme égale, des taxes injustes, vexatoires et impopulaires.

2° Enrayer l'alcoolisme dont on connaît les terribles conséquences. Cette seconde proposition me paraît être là pour la galerie et nos honorables ne me semblent pas très convaincus des terribles conséquences dont ils parlent.

Ce que je vois de plus clair, c'est qu'ils sont préoccupés de trouver un milliard de bon et bel argent. Excusez du peu !

Ce sera sept cents millions de plus que ce que l'impôt sur l'alcool fournit actuellement. Ah ! si c'est pour supprimer des impôts vexatoires et impopulaires, j'y souscris de grand cœur, et pour ce qui est des impôts injustes, nos députés n'ont que l'embarras du choix, sur ce point, du moins, ils sont assurés de ne pas se tromper. Décidément, c'est trop beau, et je n'ai pas confiance. Je sais que depuis que j'ai l'honneur peu enviable d'être contribuable, ma feuille d'impôts a fait comme la consommation de l'alcool, je sais aussi que le jour où le budget aura retrouvé son élasticité, on en profitera pour s'embarquer dans une expédition lointaine qui permettra de développer la colonisation par les fonctionnaires et de donner satisfaction à quantité d'affamés qui attendent après leur part du gâteau administratif. Je sais encore que des hommes politiques, et non pas des moins connus, se sont pris subitement d'un engouement très vif pour le monopole de la rectification de l'alcool, et qu'ils rompent des lances en sa faveur en attendant d'en faire aux élections prochaines le mot de ralliement que l'on opposera à la formule si connue de l'impôt sur le revenu qu'un ancien ministre a laissé en plan pour aller faire le bonheur des Indo-Chinois sans négliger celui des siens. Une réforme humanitaire qui se présente sous cet aspect politique qui la dénature ne me dit rien qui vaille.

Je n'insisterai pas sur le peu de dignité qu'il y a pour l'Etat à se faire marchand d'alcool, on me répondrait qu'il est bien marchand de tabac et je n'aurais rien à dire.

Soyez assurés qu'il y aura des mécomptes sérieux. La Suisse qui a, depuis peu, adopté un monopole de ce genre, n'a pas tardé à constater un déficit notable dans le rendement de l'impôt, déficit qui tenait à une cause qu'on ne prévoyait pas et qui est celle-ci :

L'alcool rectifié et devenu chimiquement pur est imbuvable. Etendu d'eau, de façon a être amené au degré de concentration des eaux-de-vie, il constitue un liquide sans parfum et d'une saveur à la fois fade et brûlante qui le rendra toujours impropre à la consommation directe. Les Suisses n'en voulaient plus, les

Français n'en voudront pas davantage. Ce n'est pas moi qui m'en plaindrai, mais le fisc ne sera pas du même avis. Il sera donc nécessaire d'ajouter à l'alcool des substances étrangères pour lui donner ces bouquets variés qui sont si recherchés. Mais ces impuretés, ces essences sont des poisons actifs, je vous l'ai déjà dit, et alors il arrivera ceci que le public, convaincu qu'il peut exister des alcools dont la consommation même exagérée ne présente pas de danger pour la santé, se persuadera qu'il peut boire impunément, sous la surveillance paternelle des employés de la régie, un alcool qui ne portera pas sur la bouteille les lettres fatidiques S. G. D. G. (sans garantie du gouvernement).

Croyez-vous, en outre, que les fraudeurs, dont l'ingéniosité ne se laisse rebuter par rien, ne trouveront pas moyen de remplir, sans apparence d'effraction, le fameux quart de bouteilles du système Algrave d'alcool non vérifié et encore moins rectifié.

Je me suis étendu longuement sur ces systèmes à cause de leur importance et aussi parce que c'est de très bonne foi que beaucoup d'hommes politiques pensent y trouver des ressources inépuisables en même temps que le remède aux maux de l'alcoolisme.

Je résume mon opinion : adopter le monopole absolu, c'est placer l'Etat dans une alternative fâcheuse et immorale, entre son intérêt fiscal qui exige la vente élevée de l'alcool et celui de la santé publique qui veut qu'il s'en consomme le moins possible, c'est faire de plus en plus l'Etat le dispensateur de tous les biens, de toutes les faveurs, c'est courir à une forme de socialisme déguisé, la pire de toutes, le socialisme d'Etat, c'est tarir les sources de l'initiative individuelle et faire de plus en plus des Français, qui n'y sont déjà que trop enclins, un peuple de mandarins et de fonctionnaires.

Adopter le système Alglave ou tout autre système analogue sans exiger la suppression des bouilleurs de cru, c'est la porte ouverte à la fraude; c'est faire une réforme qui ne sera qu'un trompe l'œil.

Dans les deux cas ; fausse sécurité pour le consommateur qui y verra une prime offerte à son penchant et s'imaginera qu'il peut sans danger absorber avec excès un alcool devenu inoffensif puisque l'Etat garantit sa pureté en lui donnant son estampille. Ce serait faire à l'Etat l'honneur d'un désintéressement dont il n'est pas sans doute capable que de croire un seul instant que le jour où il sera devenu monopolisateur de l'alcool ; il cherchera à en restreindre la consommation pour favoriser celle des boissons fermentées naturelles telles que vin, le cidre, la bière. Cependant, il faudra en venir là, et le jour où l'alcool coûtera cher et les boissons salubres bon marché, il n'y aura pas de raison de dédaigner le vin pour recourir aux alcools d'industrie. Or, vous le savez, c'est surtout dans les grands centres là où l'alcoolisme exerce ses ravages que les boissons naturelles sont frappées d'impôts exagérés. Voulez-vous empêcher qu'on aille à l'alcool disait Frédéric Passy au congrès de l'alcoolisme en 1878. Mettez le vin naturel et sain sur le chemin des populations que l'alcool dévore.

Pour atteindre ce but il faut dégrever les boissons fermentées naturelles, encourager les viticulteurs, et je constate en passant que la Chambre et le Sénat leur ont accordé tout ce qu'ils demandaient, multiplier les moyens de destruction contre les maladies de la vigne, surveiller la fabrication des vins de raisins secs et restreindre, en la réglementant, l'opération du vinage. Le vin de raisins secs bien fabriqué, non corsé par l'addition d'alcools inférieurs, n'est pas une boisson insalubre. Malheureusement c'est ici, de même que pour les vins légers, que nous retrouvons cette désastreuse opération du vinage pratiquée avec des alcools détestables et qui jette dans la consommation des vins qui propagent l'alcoolisme et discréditent la bonne réputation du produit naturel de nos vignes. Depuis quelques années, grâce à la reconstitution, coûteuse et patiente, des vignobles du midi de la France, une sérieuse amélioration a été obtenue. En 1893, la récolte de cidres et de vins a été exceptionnellement abondante. Aussitôt, la consommation de ces boissons a augmenté, et celle de l'alcool a diminué dans une proportion égale. Le bulletin de statistique de mars 1894 le constate. Il nous apprend que le fisc a perçu 15 millions de moins sur les droits de l'alcool et 18 millions de plus sur les cidres, vins et bières. Du même coup, la moyenne de la consommation française de l'alcool, qui était, par tête, de 4 litres 56, est tombée en 1893 à 4 litres 32. C'est bien, évidemment, à cause du réveil de la production vinicole, qui va s'accentuant, que la consommation de l'alcool est tombée, pour 1894, à 4 litres 04.

Je suis persuadé qu'on porterait un coup terrible à l'alcoolisme en encourageant la consommation des boissons hygiéniques non alcooliques, telles que le café et le thé.

C'est une habitude qui aura quelque peine à entrer dans nos mœurs. Trop longtemps, le thé et le café ont été considérés comme des consommations de luxe que leur prix éloignait du reste des classes pauvres. Chez nous, l'usage du thé ne va guère sans l'addition du petit verre de rhum, et le café n'est, le plus souvent, qu'un prétexte pour le pousse-café. Ces substances devraient être considérées non comme des substances de luxe, frisant un peu la gourmandise, mais comme des substances de première nécessité et dégrevées comme telles. Ce dégrèvement devrait conduire à celui des sucres. Le sucre, lui aussi, est un objet de première nécessité, tant ses usages sont multiples et généralisés. On verrait alors la consommation de ces liqueurs bienfaisantes et stimulantes prendre un développement considérable pour le plus grand bien de la santé publique.

C'est à des mesures de ce genre, complétées par l'action incessante des sociétés de tempérance, que l'Angleterre doit d'avoir vu, depuis vingt ans, la consommation de l'alcool baisser de moitié. Le travailleur anglais déjeûne le matin d'une tasse de thé et d'une tartine de beurre. Cela ne vaut-il pas mieux que le petit verre par lequel le nôtre trompe sa faim et croit pouvoir réveiller son énergie défaillante ?

Je n'irai pas jusqu'à dire, comme quelques-uns de ceux qui poussent jusqu'au fanatisme la lutte contre l'alcoolisme, que toutes les boissons alcooliques, qu'elles soient distillées ou simplement fermentées, sont nuisibles et qu'il faut les remplacer par l'eau pure.

Ah ! ils n'y vont pas de main morte ; ce sont, à coup sûr, des gens convaincus et qui ont renoncé aux honneurs électoraux ; je ne leur conseille pas de se présenter à la députation ou même au conseil municipal de leur commune.

A mon sens, pour vouloir trop prouver, ils ne prouvent rien, et toutes leurs déclamations n'empêcheront pas le vin, le bon vin de France, d'être une boisson tonique et hygiénique entre toutes, à la condition, bien entendu, de se garder de l'abus.

J'en ai fini avec les moyens destinés à restreindre la consommation de l'alcool, je vais maintenant appeler votre attention sur les moyens de répression et sur les moyens moraux.

Les moyens répressifs sont évidemment une atteinte portée à la liberté individuelle. Il s'agit ici de savoir si la société a le droit de se défendre et si l'ivrogne est un être nuisible ? Le premier terme de la question ne laisse de doute dans l'esprit de personne, et je crois que le second terme n'est guère plus sujet à discussion. Oui, l'ivrogne est nuisible :

1° En commettant souvent, sous l'empire de l'alcool, des actes réputés crimes ou délits qu'ils n'auraient pas commis en état de santé ;

2° En donnant le plus déplorable des exemples, par le spectacle de l'abrutissement et de la dégradation de l'homme ;

3° En privant la société d'une partie des services que tout homme est appelé à rendre.

C'est sous l'empire de ces idées que l'Assemblée nationale vota, en 1873, la loi Théophile Roussel tendant à réprimer l'ivresse publique et à modérer les progrès de l'alcoolisme. Cette loi, vous le savez aussi bien que moi, est tombée peu à peu en désuétude parce qu'elle n'a pas atteint le but qu'elle visait. Elle ne pouvait rien contre l'alcoolisme, car l'alcoolique est rarement en état d'ivresse, et qu'il peut d'ailleurs se cacher pour satisfaire sa passion ; elle s'adressait donc seulement à

l'ivrogne qui bat les murs et se donne en spectacle. Dans les premiers temps, la loi fut appliquée ; en 1873 on compta 55,655 contraventions ; ce chiffre monta même à 91,238, en 1875 ; il n'a fait que décliner depuis, et il n'est pas rare de nos jours, de voir un ivrogne bruyant et encombrant déambuler dans nos rues sous l'œil bienveillant de l'autorité. Il faut bien dire aussi que le public est trop indulgent pour l'ivrogne et ne paraît pas se douter qu'il se rend ainsi complice de la dégradation qu'il contemple d'un œil complaisant. L'ivrogne devient alors la gaieté de nos carrefours, le bouffon des enfants, et il semble bien difficile de sévir contre qui vient de nous faire rire. Je le constate à regret, toute notre éducation est à refaire sur ce point. Pourquoi persécuter le mendiant, alors qu'on tolère l'ivrogne ? Je vous le demande. Quel est celui des deux qui est le plus gênant et donne le spectacle le plus démoralisant et le plus attristant ? Pourquoi la mendicité est-elle un délit, tandis que l'ivrognerie n'est qu'une contravention ? Et vous savez si l'on est sévère pour le délit de mendicité. Je veux bien que quelques mendiants soient peu intéressants, mais enfin, beaucoup n'ont commis d'autre crime que celui d'être pauvres. J'estime que cette loi doit être refaite, si elle est insuffisante, et appliquée dans un tout autre esprit. On a pu croire, en voyant le peu de résultats qu'elle a donnés, qu'elle avait été l'erreur d'un esprit généreux ; en y réfléchissant bien, on voit qu'elle complète ce tout harmonieux que constitue avec elle la loi sur l'enfance moralement abandonnée et la loi sur la protection des enfants du premier âge. Elles sont dues, toutes les trois, à un des plus grands philanthropes de notre temps, au docteur Théophile Roussel, homme de grand cœur et de science profonde, que le député Millerand appelait un jour : un Vincent de Paule laïque.

La loi du 24 juillet 1889, sur l'enfance moralement abandonnée devrait être appliquée plus souvent à l'ivrogne. Elle emporte la déchéance paternelle pour les cas d'ivrognerie habituelle. Nos lois sont toutes imprégnées des principes du droit romain, qui fait de l'autorité paternelle une chose sacrée. C'est pourquoi nos magistrats hésitent si souvent à appliquer cette loi au père ivrogne. L'autorité paternelle ne doit être respectée qu'autant qu'elle est respectable, et l'influence d'un père ivrogne est déplorable et du plus mauvais exemple pour l'enfant. Qu'on l'applique toutes les fois où son application sera indiquée, et on en retirera de bons effets. Ce sera une terrible blessure d'amour-propre à laquelle un père ne pourra rester insensible.

Comme dernier moyen repressif, j'indiquerai l'internement de l'ivrogne dans des établissements spéciaux où il trouvera les soins nécessaires pendant la période où son délire est un danger pour les siens et où il sera gardé ensuite un temps suffisant pour lui permettre de guérir de ses habitudes alcooliques et de reprendre sa place dans la société.

Tous les aliénistes sont d'accord sur ce point que les asiles sont actuellement encombrés par des alcooliques qui y sont un embarras et parfois même un danger pour les autres aliénés. Ils s'accordent tous à dire que l'alcoolique n'est pas dans les conditions requises pour pouvoir guérir de sa passion, il sort dès que l'accès aigu est fini et ne tarde pas à revenir après une rechute nouvelle.

La guérison définitive de l'ivrognerie exige un séjour prolongé dans des établissements spéciaux ou l'abstention absolue de boissons alcooliques serait la règle et le régime hydrique appliqué sévèrement par des médecins et des gardiens qui prêcheraient d'exemple. Daus ces établissements le travail serait imposé comme le meilleur des dérivatifs non pas un travail à peine payé comme dans les prisons, mais un travail rémunéré convenablement.

Quelques médecins vont même plus loin et souhaitent que l'asile d'ivrognes tienne de la maison de détention et relève, par ce fait, de l'autorité judiciaire. L'ivrogne récidiviste pourrait y être séquestré par décision du tribunal pendant tonte la durée nécessaire au traitement forcé de l'ivrognerie.

Nous n'en sommes pas encore là, mais cependant, il faut considérer que des asiles d'ivrognes établis en vertu de ce principe existent dans la libre Amérique et que les résultats qu'on y obtient sont incomparablement plus remarquables que ceux obtenus dans les asiles libres de Suisse, d'Allemagne ou d'Angleterre.

Cette question des asiles d'ivrogne ne s'est posée, en France, que depuis 1889 et je crois que le premier asile de ce genre, que l'on construit actuellement, sera bientôt terminé. Des établissements privés ne tarderont sans doute pas à se créer dans le même but et ils donneront certainement de bons résultats à la condition que le traitement hydrique soit appliqué sévèrement et pendant un temps assez long.

A côté de ces établissements devraient fonctionner des sociétés de patronage qui s'intéresseraient à l'ivrogne sorti de l'asile, le suivraient dans la vie et s'attacheraient à le garder des rechutes. Nous voici arrivés à une question des plus intéressantes ;

Quelle est l'influence du nombre des cabarets sur le développement de l'alcoolisme ?

Cette influence est indéniable et les statistiques les plus authentiques nous démontrent que l'alcoolisme s'est développé en même temps que les cabarets devenaient plus nombreux.

En 1830, on en trouvait 281,847 ce qui donnait un débit pour 113 habitants.

En 1850, le nombre des débits atteint 350,424, et nous avons alors un débit pour 101 habitants.

En 1880, nous avons 356,863 débits et une proportion de un débit pour 103 habitants.

De 1830 à 1880, le nombre des débits avait déjà augmenté, mais d'une façon modérée, tandis qu'à partir de la loi du 1er juillet 1880 qui accordait la liberté complète d'ouvrir café, cabarets ou débits de boisson sur simple déclaration, la progression a été beaucoup plus rapide et nous avons maintenant — ceci s'applique à l'année 1894 — 421,000 débits en France, plus 30,000 à Paris, soit en tout 450,000 débits ou un débit pour 84 habitants.

De 1880 à 1895, le nombre des débits pour la France, Paris non compris, s'est augmenté de près de 65,000.

Dans certaines grandes villes le nombre des débits a presque doublé depuis 1880.

A l'heure actuelle, on estime qu'il y a un débit pour vingt électeurs. C'est à peu près cette proportion que l'on retrouve si l'on regarde autour de soi. Villiers-sur-Marne et le Plessis-Trevise, pour une population qui ne doit pas dépasser, en hiver, le chiffre de 2,000 habitants, possèdent environ 30 débits, ce qui fait un débit pour 66 habitants. Si nous admettons que chaque habitant est chef d'une famille composée de trois personnes ce qui est certainement bien au-dessous de la vérité, nous avons un débit pour 22 électeurs. Vous direz avec moi que c'est excessif et nous ne serons pas contredits par les propriétaires de ces débits, car après avoir bénéficié des facilités de la loi de 1880 ; ils ne seraient peut-être pas fâchés qu'on en fit une autre pour consacrer leurs droits et pour mettre entrave à la création d'établissements nouveaux.

Ils auraient certainement raison, mais ils savent bien pourquoi leurs souhaits intéressés courent le risque de demeurer platoniques.

Le marchand de vin est considéré — à tort selon moi — comme une des puissances du jour ; c'est chez lui que les réputations politiques se font ; son établissement est un centre tout trouvé de discussion et d'agitation électorales ; on dit couramment du marchand de vin qu'il est le grand électeur, et c'est ce qui explique toutes les complaisances dont il est l'objet de la part des divers élus du suffrage universel.

Je ne veux pas m'engager plus avant sur ce terrain terriblement glissant ; je veux simplement faire remarquer que si le travailleur rencontrait moins souvent sur son chemin le cabaret tentateur, il aurait moins d'occasions de succomber. Il est bien évident que le jour où il n'aura que cinq minutes à dépenser, il renoncera au cabaret s'il lui faut dix minutes de chemin pour en trouver un.

N'êtes vous pas, comme moi, choqués de ce manque de logique de la loi qui dit : si tu bois, tu commets un délit et je t'emprisonne, et qui, d'autre part, autorise la création indéfinie des établissements où l'on va boire. Ce sera bien autre chose le jour où l'Etat sera devenu, grâce au monopole, le grand marchand d'alcool ; ce jour-là, l'application de toute loi répressive ou restrictive sera devenue impossible, à moins de commettre un acte d'inqualifiable fourberie.

Le fisc y trouvera son compte, sans doute, mais la morale publique, que deviendra-t-elle, en un pareil conflit ? Je ne veux pas tirer de conclusions plus radicales qui, au reste, s'imposeront aux esprits quand je vous aurai exposé comment les choses se passent dans les pays comme la Suède et l'Angleterre, où la lutte contre l'alcoolisme a pris des proportions sérieuses et donné des résultats positifs.

En Suède, l'autorisation d'ouvrir un débit dépend des autorités et le nombre en est strictement limité. Les débits sont mis en adjudication et concédés au plus offrant. En 1865, à Gothembourg, l'alcoolisme faisait des ravages si grands, que quelques citoyens dévoués eurent l'idée ingénieuse de se porter adjudicataires des débits et de n'y vendre que des boissons hygiéniques. Par ce système, qui a pris le nom de la ville où il a été appliqué pour la première fois, on est arrivé à diminuer l'alcoolisme dans une large mesure et la plupart des villes suédoises l'ont adopté.

En Norwège, une loi du 3 mai 1871 a introduit le système de Gothembourg en l'améliorant. Par cette loi, le droit de vente en détail peut être accordé dans les villes, à titre de monopole, à des sociétés qui s'engagent à employer leurs bénéfices à des objets d'utilité publique et de bienfaisance. Les statuts de ces sociétés doivent être approuvés par les conseils municipaux et sanctionnés par le roi. Le choix des concessionnaires est également soumis à l'autorité municipale, qui fixe le nombre des débits et en approuve les emplacements.

Des sociétés conformes à cette loi sont actuellement établies dans toutes les villes, elles ont beaucoup diminué le nombre des débits et exercé une grande influence sur la décroissance considérable qu'on a constaté depuis 1877, dans la consommation de l'alcool. En Norwège, la consommation qui était par tête de 3 litres 35, tombe en 1885 à 1 litre 15. Dans les campagnes, le Conseil municipal peut défendre la vente en détail de l'eau-de-vie. Les municipalités rurales ont largement usé de ce droit et on peut maintenant parcourir de longues distances — des centaines de kilomètres — sans qu'il soit possible de se procurer de l'eau-devie. L'application des mesures réglementaires et fiscales est assurée par de fortes pénalités qui, après récidive, peuvent aller jusqu'à six mois et même, après une cinquième récidive, jusqu'à trois ans de travaux forcés dans des maisons de correction.

En Angleterre, on ne s'est pas contenté d'élever l'impôt de l'alcool jusqu'au chiffre raisonnable de 477 francs par hectolitre, mais encore la licence des débitants varie de 112 francs à 1,500 francs, proportionnellement à une échelle de loyer depuis 250 francs jusqu'à 17,500 francs. Le nombre des débits est d'environ 100,000. Sir Villiam Harcourt a soumis au Parlement, il y a deux ans, un bill sur le trafic des boissons, dit du veto local, qui autorise la majorité des habitants d'une paroisse à prohiber le commerce des boissons dans ses limites.

Mis dix-huit fois à l'ordre du jour, ce bill, combattu par les conservateurs, n'a pu être discuté et a été retiré par le gouvernement libéral avant sa chûte. Néanmoins, le droit de prohiber le trafic des spiritueux existe pour les magistrats, qui en usent; de sorte que plus de 2,000 paroisses n'ont pas de débits. Les résultats constatés ont été excellents, et on cite un quartier des faubourgs de Liverpool, où cette prohibition existe, qui ne possède pas un débit, où le paupérisme est presque inconnu et où la mortalité est de 20 °/₀ au-dessous de celle des autres quartiers.

Il convient d'ajouter que l'initiative individuelle, par la création de nombreuses sociétés de tempérance, a donné, dans ces divers pays, un puissant concours à l'Etat dans cette lutte contre l'alcoolisme, et que l'honneur lui revient d'une partie des beaux résultats qui ont été obtenus. Ces sociétés de tempérance ne sont pas seulement des confréries d'abstinents systématiques, ce sont encore de puissants et vigilants organes

pour tenir l'opinion publique en éveil et obtenir les réglements
qui viennent modérer la vente des spiritueux ou favoriser
l'usage des boissons hygiéniques. C'est à elles surtout, et au
dégrèvement qu'elles ont su obtenir sur le thé, le café et le
sucre, que l'on doit la vulgarisation de plus saines habitudes
dans la classe ouvrière anglaise. Il est de bon ton, en France,
de se moquer de ces sociétés de tempérance et de ceux qui en
font partie, mais leur action bienfaisante ne saurait être con-
testée, et on ne saurait trop encourager leur création et leur
extension. En France, jusqu'à ce jour, la lutte contre l'alcoolisme est centralisée à la Société française de tempérance, organisée, en 1871, par le docteur Lunier, et à l'Académie de
médecine où, périodiquement, l'on vote une série de vœux
destinés à appeler, sur le fléau de l'alcoolisme, l'attention des
pouvoirs publics qui, jusqu'ici, n'ont pas paru s'en émouvoir
beaucoup.

Ce serait commettre un oubli impardonnable que de ne pas
signaler la Société contre l'usage des boissons spiritueuses,
fondée en octobre 1895, qui a pour président le vaillant docteur
Legrain, et pour président d'honneur le docteur Laborde, de
l'Académie de médecine.

Tous ces moyens que je viens de vous exposer, ont une
valeur réelle, mais je suis convaincu qu'il n'en est pas de plus
efficace que les moyens purement moraux. La rectification de
l'alcool serait un progrès incontestable — encore ne faut-il pas
trop s'abuser sur la valeur de ce moyen, présenté à tort comme
une panacée — la suppression des bouilleurs de cru et la diminution notable du nombre des cabarets doivent faire partie de
toute réforme sérieuse, mais nous savons les difficultés nombreuses qui s'opposeront, avant longtemps, à la réalisation de
projets aussi radicaux.

Dans l'ordre des moyens moraux, nous ne rencontrons plus
de ces embarras ; les exigences de la politique nous laissent
froids ; les préoccupations budgétaires ne nous touchent plus,
parce que nous possédons en nous-même les ressources nécessaires pour aller de l'avant, parce que nous évoluons dans le

domaine de la conscience. Quel n'est pas l'aveuglement de ces hommes d'Etat qui pensent qu'on peut résoudre les questions sociales par des moyens purement politiques. Leur aveuglement est comparable à celui de medecins qui voudraient guérir la tuberculose à l'aide des ressources pharmaceutiques. *La tuberculose est justiciable de l'hygiène thérapeutique ; un mal social, comme l'alcoolisme, est justiciable de l'hygiène morale.*

Passons en revue les collaborateurs qui sont tout naturellement désignés pour réunir leurs efforts dans cette œuvre de relèvement social. En première ligne je place la femme, la mère de famille.

« La mère, dit Eugène Pelletan, après avoir engendré son fils au physique, l'engendre au moral, et il ajoute : La maternité n'est qu'une création continue : la mère crée l'homme dans l'enfant par l'instruction, et pour l'instruire elle épuise toute la diplomatie de la tendresse. »

C'est cette tendresse inquiète, agissante, que nous avons tous connue, et dont le souvenir nous est si doux au cœur, qui inspire la mère, l'élève au-dessus des vulgarités de la vie et en fait l'éducatrice par excellence. Elle a vu autour d'elle jusqu'où peut conduire l'abus de l'alcool, et elle en a frémi, parfois, peut-être, elle en a souffert aussi : le compagnon que le sort lui a donné est un de ces hommes qui n'ont ni l'énergie voulue pour fuir les entraînements dangereux, ni la délicatesse de cœur qui fait qu'on s'amende à la vue d'un visage attristé et de larmes qui coulent.

Elle ne voudra pas, la chère et vaillante créature, que son fils s'inspire de ces mauvais exemples ; elle lui apprendra à en détourner les yeux ; elle veillera sur cette jeune âme, déposera dans son cœur les sentiments généreux qui s'épanouiront plus tard et feront de l'enfant tant aimé un homme qui sera la joie de ses vieux jours et tiendra vaillamment et honorablement sa place dans la mêlée de la vie.

Il en est beaucoup de la sorte parmi les mères françaises. Chez les hommes qui se sont illustrés à des titres divers, on retrouve toujours l'influence maternelle, et on peut dire de la mère de famille qu'elle n'est pas seulement la providence du foyer, mais encore un élément de gloire et de grandeur pour la patrie.

Quelle plus noble tâche que celle de l'instituteur !

C'est lui qui continue, en la développant, et en l'éclairant au flambeau de la science, l'action de la mère de famille. Ah ! certes, sa responsabilité est grande, son œuvre fatigante, mais il va toujours devant lui, soutenu par l'idée du devoir.

Nous avons lieu d'attendre beaucoup de l'instituteur dans cette lutte contre l'alcoolisme ; il peut aborder souvent cette question dans sa classe, soit à l'occasion d'une lecture, soit à l'occasion d'un fait quelconque de la vie publique qui vient suggérer quelques réflexions utiles. Les enfants prendront d'autant plus intérêt à ces causeries familières qu'ils sentiront chez le maître un accent convaincu et qu'ils le verront donner l'exemple d'une sobriété absolue.

La société actuelle demande beaucoup à l'instituteur ; elle fait à chaque instant appel à son zèle et à son dévouement, et ne fait peut-être pas assez pour que le niveau social du maître soit en rapport avec son niveau moral et intellectuel. Qu'il soit récompensé, en attendant, par la reconnaissance de ceux qui sont heureux, comme je le suis en ce moment, de rendre publiquement hommage aux qualités dont il fait preuve dans sa délicate et ingrate mission.

Je ne suis pas de ceux, très nombreux, qui pensent et qui disent que l'on ne doit pas tenir compte, à notre époque, de l'action du prêtre dans la solution des questions sociales. Je suis d'avis qu'il faut, en pareil cas, faire appel à toutes les bonnes volontés ; mais je suis bien obligé de reconnaître que le prêtre ne possède pas cette influence morale qu'il devrait avoir, grâce à sa situation sociale, à son éducation, à son indépendance et à la correction de sa vie. Pourquoi en est-il ainsi, alors qu'il exerce encore une action directe sur l'âme de l'enfant et sur l'esprit de la mère, qu'il lui serait facile d'utiliser pour le plus grand bien de tous. C'est parce que le prêtre ayant versé dans la politique, sans y trouver la satisfaction de ses espérances, est devenu un mécontent, qui passe sa vie dans des regrets stériles, et n'a plus l'activité d'esprit nécessaire pour s'intéresser aux grands problèmes de son temps. Si un membre du clergé secoue le fardeau des formules surannées pour aller au peuple dont il est sorti, pour vivre de sa vie et chercher un remède aux misères du corps social, soyez assuré que sa conduite sera vue d'un mauvais œil et qu'il sera considéré comme le pire des transfuges. Cela vaut pourtant mieux que de s'immobiliser dans une attitude hiératique et de passer son temps à débiter, devant des dévotes hypnotisées, des banalités mystiques. L'avenir est à ceux qui sentent la valeur de l'action et ont foi dans le progrès et dans les destinées de l'humanité. Et le vers de Racine me revient tout naturellement à la mémoire :

> La foi qui n'agit point, est-ce une foi sincère ?

C'est-là un reproche qu'on n'adressera pas au médecin. Médecin moi-même je n'ai pas la liberté d'esprit nécessaire pour vous dire la part d'honneur qui revient au corps médical dans les progrès sociaux accomplis depuis un siècle. Je laisse à d'autres ce soin, me contentant de faire remarquer que si l'influence du médecin grandit et s'affirme, malgré quelques nuages passagers, cela tient surtout à ce que personne, à notre époque, n'a eu plus que lui le culte de l'humanité.

Arrivé au terme de cette étude, je ne veux d'autre conclusion que celle-ci : Suivons le sage conseil du philosophe grec : tâchons de bien nous connaître. Nous saurons alors si nous avons bien rempli tous les devoirs que l'humanité nous impose et que la patrie nous commande. En faisant ce retour sur nous-mêmes, nous sentirons toute l'étendue des dangers qui nous menacent dans notre présent et dans notre avenir. Nous verrons que nous diminuons de nombre de façon inquiétante, en face d'adversaires orgueilleux qui croissent à l'infini, et alors il me sera permis de vous dire qu'il est pour notre pays, pour le généreux blessé, un moyen de se relever, de retrouver une jeunesse, une floraison nouvelles.

Renonçons à l'alcool, fuyons son action déprimante et avilissante, elle est incompatible avec les espoirs vivaces et les généreuses pensées. Je vous y convie tous ; que chacun agisse dans sa sphère, si modeste soit-elle ; je vous y convie au nom du patriotisme, la seule religion demeurée vivante dans tous les cœurs, à la fin de ce siècle tourmenté, qui a vu crouler tant de trônes et sombrer tant de formes, respectées jusque-là, de la pensée religieuse. Et alors, la France rajeunie, réconfortée, s'élancera pour accomplir ses destinées nouvelles, car il n'est pas fermé à jamais le livre où sont écrits les exploits de nos pères, et où nos enfants voudront, à leur tour, graver une page glorieuse.

Je manquerais aux devoirs de la plus vulgaire politesse si je ne vous remerciais pour l'attention bienveillante dont vous m'avez honoré.

Je suis venu à vous pensant avoir quelques vérités utiles à dire, je suis suffisamment récompensé si j'ai réussi à vous intéresser et à vous suggérer des réflexions qui ne peuvent que servir la cause que je défends.

Nous aurons tous gagné quelque chose à ce contact intime de quelques jours : nous nous connaîtrons mieux, nos cœurs auront, pendant quelques instants, battu à l'unisson et, de tout ceci, il nous restera non pas des regrets, mais des souvenirs qui, pour moi du moins, ne seront qu'agréables.

Dr VAQUIER,

Médecin de l'Hôpital de Villiers
(Œuvre des Enfants tuberculeux)

Ces Conférences furent données à Villiers-sur-Marne, pendant les mois de janvier et février 1897.

Il a fallu un concours de circonstances inespéré pour me permettre de les réunir en une brochure que je soumets au public spécial que ces questions intéressent.

M. Gautrelet, mon collègue et ami, dont on connaît les travaux urologiques relatifs aux rapports de l'alcoolisme avec les affections du foie et avec la tuberculose, voulut bien m'ouvrir toutes grandes les colonnes de la **Revue des Maladies de la Nutrition,** *me donnant ainsi cette satisfaction peu banale et toujours flatteuse de se voir imprimé tout vif ; je le prie d'agréer, ici, l'expression de ma gratitude.*

Préoccupé avant tout de « rendre à César ce qui appartient à César », je dois dire que j'ai fait, pour ma quatrième conférence, de nombreux emprunts à l'excellent livre de M. le Docteur Legrain : **Dégénérescence Sociale et Alcoolisme.** *Emporté par la chaleur du débit, je ne l'ai peut-être pas cité toutes les fois qu'il eut été nécessaire ; mais je suis heureux d'avoir à le dire ici, et de saisir cette occasion pour rendre un hommage mérité à ce confrère distingué dont le nom sera désormais inséparable de l'idée qu'on peut se faire, du zèle et du dévouement qu'exige une mission aussi ardue que la lutte contre l'Alcoolisme.*

Docteur VAQUIER.